30 DAY
KOREAN 2

30 Day Korean 2

초판 1쇄 발행 2024년 1월 19일

지은이 그린한국어학원
펴낸이 박영호
기획팀 송인성, 김선명, 김선호
편집팀 박우진, 김영주, 김정아, 최미라, 전혜련, 박미나
관리팀 임선희, 정철호, 김성언, 권주련
펴낸곳 (주)도서출판 하우

주소 서울시 중랑구 망우로68길 48
전화 (02)922-7090
팩스 (02)922-7092
홈페이지 http://www.hawoo.co.kr
e-mail hawoo@hawoo.co.kr
등록번호 제2016-000017호

값 27,000원
ISBN 979-11-6748-119-1 14710
ISBN 979-11-6748-102-3 (set)

🎧 **MP3 다운로드** www.hawoo.co.kr 접속 후 '자료실'에서 다운로드

GREEN
KOREAN
LANGUAGE SCHOOL

30 DAY
KOREAN 2

그린한국어학원 지음

Hawoo Publishing Inc.

머리말

2008년 개원 이래 그린한국어학원은 다양한 국적과 연령의 외국인 학습자들을 대상으로 한국어 교육을 진행해 왔습니다. 오랜 시간 많은 학습자들로부터 사랑받아 온 그린한국어학원의 의사소통 능력 중심 교육과정은 한국어 학습이 단편적으로 지식을 습득하는 수준을 넘어 한국을 경험하는 통로가 되도록 구성되어 있습니다. 특히 문화체육관광부에서 제정한 「한국어 표준 교육과정」에 기반하여 기존의 교육과정을 보완한 결과, 신뢰할 수 있을 뿐 아니라 더욱 정교해진 자체 교육과정을 수립하게 되었습니다.

그린한국어학원에서는 한국어 학습자들이 교육 환경에 제약을 받지 않고 국내외 어디서든 동일한 수준의 교육 서비스를 받을 수 있도록 자체 교육과정을 기반으로 한 교재 「30 Day Korean」을 개발하고 해당 교재를 사용하는 대면 수업과 온라인 수업(www.onlinekorean.co.kr)을 운영하고 있습니다.

「30 Day Korean 2」는 '어휘', '문법', '말하기', '듣기', '읽기', '쓰기', '문화 & 발음' 영역 순으로 구성되어 있으며, 각 영역별 내용이 서로 긴밀하게 연계되어 언어 지식 학습이 언어 사용 능력 습득으로 자연스럽게 전이되도록 하였습니다.

「30 Day Korean 2」의 한 과는 약 5시간용으로 오프라인 수업이나 독학의 경우 이틀에 한 과씩 학습하는 일정이 적정합니다. 참고로 그린한국어학원의 온라인 수업(www.onlinekorean.co.kr)에서는 애니메이션, 퀴즈, 동영상 강의 등 다양한 형태의 학습 콘텐츠를 활용하여 교재 한 단원의 내용을 6일 동안 자가 학습하고, 7일차에는 앞서 공부한 내용을 바탕으로 원어민 선생님과 대화 활동에 참여하는 플립러닝 형태의 학습 방식을 운영하고 있습니다.

본서가 한국어를 효율적으로 배우고, 한국을 깊이 이해하며 체험하기를 희망하는 많은 학습자에게 유용하게 쓰이기를 기대합니다.

그린한국어학원
원장 **김 인 자**

Preface

Since its opening in 2008, Green Korean Language School has provided Korean language education to learners of various national and ages.

Green Korean Language School's communication skill-oriented curriculum, which has long been loved by many learners, is designed to take Korean language beyond the level of acquiring knowledge and provide learners with opportunities to experience Korea.

By improving the existing curriculum in accordance with the Standard Curriculum for Korean language established by the Ministry of Culture, Sports and Tourism, we have developed our own curriculum that is not only reliable but also more sophisticated.

To ensure Korean language learners have access to the same quality of education at home and broad, Green Korean Language School has developed a textbook called *30 Day Korean* based on its own curriculum. In addition, we are currently running both face-to-face and online course(www.onlinekorean.co.kr) that use the textbook.

30 Day Korean 2 consists of seven sections in the following order: "Vocabulary", "Grammar", "Speaking", "Listening", "Reading", "Writing" and "Culture & Pronunciation". The contents in each section are closely related to each other, enabling learners to transfer their knowledge of the language to their acquisition of language literacy.

For offline course and self-study, it is recommended that learners practice one unit every two days as each unit of *30 Day Korean 2* is for five hours. For reference, in Green Korean Language School's online courses (www.onlinekorean.co.kr), students study the content of one unit of the textbook on their own over a period of six days using various types of learning content including animations, quizzes, and video lectures, and on the seventh day, students engage in conversational activities with a native Korean teacher based on what they have previously learned using flipped learning.

It is our hope that this book will be useful for many learners who wish to learn Korean efficiently and experience Korea with a deeper understanding of it.

Green Korean Language School
President **Inja Kim**

일러두기 How to use this book

30 Day Korean 2는 총 10개 과로 구성되어 있다.

각 과는 '어휘', '문법', '말하기', '듣기', '읽기', '쓰기', '문화 & 발음' 순으로 이루어져 있으며 세부 내용은 다음과 같다.

30 Day Korean 2 is comprised of a total of 10 units.

Each unit is divided into the following sections: "Vocabulary", "Grammar", "Speaking", "Listening", "Reading", "Writing", and "Culture & Pronunciation". The details are as follows.

학습 목표 Learning Objectives

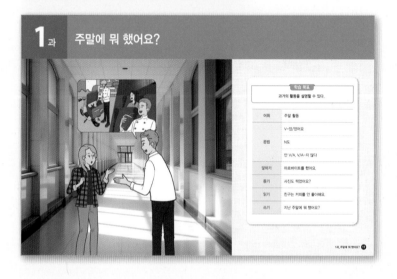

해당 과의 주제와 연관된 삽화로 학습 내용을 추측할 수 있도록 하였으며, 학습 목표 및 영역별 내용을 한눈에 확인할 수 있도록 표로 제시하였다.

Illustrations relevant to the unit's topic are presented to help infer the contents of learning, and the learning objectives and contents by section are presented in a table for easy reference.

어휘 Vocabulary

어휘 학습 Vocabulary Learning

주제 어휘를 관련 이미지와 함께 제시하여 의미를 쉽게 파악할 수 있도록 하였다.

The unit vocabulary is presented with related images to help make it easier to understand.

어휘 연습 Vocabulary Practice

이미지와 어휘를 연결하는 연습을 통해 암기 정도를 확인할 수 있도록 하였다.

Practicing matching pictures to the words will help test learner's memory.

문법 Grammar

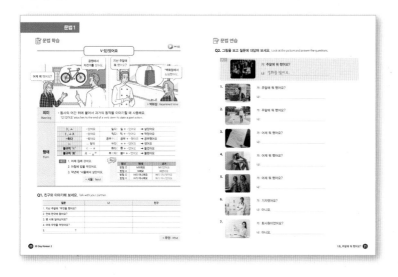

문법 학습 Grammar Learning

목표 문법이 사용되는 전형적인 대화를 삽화와 함께 제시하였으며, 예문으로 해당 문법의 의미와 형태 변화를 쉽게 파악할 수 있도록 하였다.

A typical dialogue that incorporates a grammar rule is presented with an illustration, and example sentences are provided for easier understanding of the meaning and form changes of the grammar.

문법 연습 Grammar Practice

개념 적용 문제의 반복 풀이로 목표 문법에 대한 개념을 완성할 수 있게 하였다.

Repetitive exercises that incorporate a grammar rule will help learners fully grasp the grammar concept.

말하기 Speaking

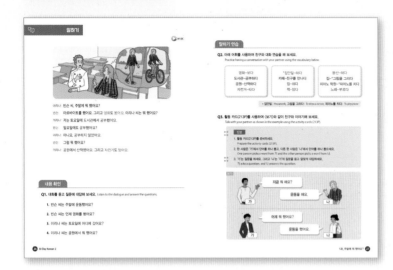

말하기 Speaking

주제 어휘와 목표 문법이 내포된 대화문으로 말하기 기능을 학습하도록 하였다.

A dialogue incorporating the vocabulary and grammar rule from the unit is presented to help build speaking skills.

내용 확인 / 말하기 연습
Check it / Speaking Practice

내용 확인 문제로 대화문의 이해도를 점검하고 말하기 연습 문제로 주요 문장 구조를 활용한 자유로운 대화 활동을 수행하도록 하였다.

Comprehension exercises will be completed to assess learners' comprehension and free form based conversations will be conducted using main sentence structures through the speaking exercises.

듣기 Listening

듣기 전 단계와 듣기 단계에서 수행하는 각각의 질문들을 통해 듣게 될 내용을 예측하고 들은 내용을 확인할 수 있도록 하였다.

Questions during the pre-listening and listening stages will help learners predict what they will hear and assess what they heard and understood.

읽기 Reading

학습자의 수준에 맞는 실제적이고 다양한 종류의 글을 내용 확인 문제와 함께 제시하였다.

Practical and various types of texts appropriate for the learner's levels are presented with comprehension exercise.

쓰기 Writing

학습 목표 및 주제를 고려하여 학습자의 수준에 맞는 다양한 종류의 글쓰기 활동이 이루어지도록 하였다.

To meet the learning objectives and topics, various forms of writing activities are presented based on the learning level of the student.

문화 & 발음 Culture & Pronunciation

문화 Culture

삽화와 설명을 보며 한국을 이해하고 생활하는데 긴요한 실용 정보를 얻을 수 있도록 하였다.

Illustrations and explanations are provided to help learners understand Korea and gain practical knowledge essential to living in Korea.

발음 Pronunciation

도식화된 발음 규칙을 보며 한눈에 원리를 파악할 수 있도록 하였으며 삽화를 통해 실제 대화에 적용되는 사례를 쉽게 이해할 수 있도록 하였다.

The schematic pronunciation rules will help learners grasp the principles at a glance, and the illustrations will give them an understanding of how these rules apply in real-life conversations.

차례 Contents

내용 구성표 Table of Contents

단원	학습 목표	어휘	문법
1과 주말에 뭐 했어요?	과거의 활동을 설명할 수 있다.	주말 활동	V-았/었어요 N도 안 V/A, V/A-지 않다
2과 휴가에 뭐 할 거예요?	휴가 계획에 대해서 이야기할 수 있다.	휴가 계획	V-(으)ㄹ 거예요 [①미래] N하고 V-(으)러 가다/오다
3과 서울에서 부산까지 어떻게 갈 거예요?	이동 방법에 대해서 설명할 수 있다.	교통수단	N(으)로 N에서 N까지
4과 치마가 정말 예뻐요.	물건의 상태를 설명할 수 있다.	형용사 ① 형용사 ② 형용사 ③	A-아/어요 A-(으)ㄴ
5과 가족 중에서 누가 제일 커요?	사람의 성격 또는 외모를 비교할 수 있다.	가족 외모 & 성격 신체	N보다 (더) N 중에서 제일
6과 이 식당의 음식이 어떻습니까?	음식의 맛을 설명할 수 있다.	음식 맛	V/A-(스)ㅂ니다 V/A-고 V/A-지만
7과 수업 시간에 휴대폰을 사용하지 마세요.	공공장소에서 지켜야 할 예절을 요청하거나 명령할 수 있다.	공공장소 예절	V-고 있다 [①진행] V-(으)세요 V-지 마세요
8과 내일 같이 저녁 먹을까요?	친구에게 같이 하고 싶은 일을 제안할 수 있다.	여행 접속사	V-고 싶다 V-(으)ㄹ까요? [①제안]
9과 할머니께서 연세가 어떻게 되세요?	높임말을 사용해 가족을 소개할 수 있다.	높임말	V/A-(으)시다 V/A-(으)셨다
10과 이 책 좀 찾아 주세요.	도서관 이용 방법에 대해 설명할 수 있다.	도서관 시간 부사	N한테(서)/에게(서) V-아/어 주세요 V/A-아/어야 되다 V-(으)려고 하다

말하기	듣기	읽기	쓰기	문화&발음
아르바이트를 했어요.	사진도 찍었어요?	친구는 커피를 안 좋아해요.	지난 주말에 뭐 했어요?	
콘서트에 갈 거예요	여자 친구하고 데이트도 할 거예요.	비빔밥을 먹으러 한식집에 갈 거예요.	이번 휴가에 뭐 할 거예요?	한국인의 휴가, 경음화 ①
고속버스로 갈 거예요.	집에서 여기까지 어떻게 올 거예요?	학원까지 지하철로 가요.	어디에 자주 가요?	
치마가 좀 비싸요.	편한 옷 있어요?	구두가 좀 불편했어요.	가방에 뭐가 있어요?	한국의 전통 의상, 비음화 ①
언니가 저보다 더 커요.	가족 중에서 누가 제일 부지런해요?	저는 우리 가족 중에서 제일 키가 작아요.	가족의 외모와 성격이 어때요?	
김치찌개가 싸고 맛있습니다.	떡국 맛이 어떻습니까?	비빔밥은 맛있었지만 너무 많았습니다.	어떤 한국 음식을 먹었습니까?	한국의 음식, 비음화 ②
지금 학교에 가고 있어요.	휴대폰을 끄세요.	도서관에서 뛰지 마세요.	교실 규칙을 만드세요.	
고기를 먹고 싶어요.	같이 경복궁에 갈까요?	집에서 불고기를 만들고 싶어요.	주말에 친구와 무엇을 하고 싶습니까?	한국인들의 모임, 격음화 ①
할머니께서는 건강하세요?	할아버지께서는 회를 안 드셨어요.	아버지는 요리사세요.	여러분의 부모님은 어떤 분이세요?	
책을 빌리려고 해요.	오늘까지 돌려줘야 돼요.	도서관 직원에게 사진과 신청서를 주세요.	친구에게 부탁하는 문자 메시지를 쓰세요.	한국의 공공 예절, 격음화 ②

등장인물 Characters

박수진

나이: 29
직업: 한국어 선생님
국적: 한국

조나단

나이: 32
직업: 의사
국적: 프랑스

나타완

나이: 26
직업: 대학원생
국적: 태국

타쿠야

나이: 30
직업: 회사원
국적: 일본

주말에 뭐 했어요?

학습 목표

과거의 활동을 설명할 수 있다.

어휘	주말 활동
문법	V–았/었어요
	N도
	안 V/A, V/A–지 않다
말하기	아르바이트를 했어요.
듣기	사진도 찍었어요?
읽기	친구는 커피를 안 좋아해요.
쓰기	지난 주말에 뭐 했어요?

어휘 학습

MP3 01

주말 활동 Weekend activities

등산(을) 하다
To go hiking

아르바이트(를) 하다
To work part-time

여행(을) 하다
To travel

게임(을) 하다
To play a game

산책(을) 하다
To go for a walk

낚시(를) 하다
To go fishing

자전거를 타다
To ride a bike

사진을 찍다
To take a picture

음식을 만들다
To cook food

텔레비전을 보다
To watch TV

배드민턴을 치다
To play badminton

노래를 부르다
To sing

✏️ 어휘 연습

Q1. 그림과 어휘를 연결해 보세요. Match the pictures to the vocabulary words.

보기  ••••••••••••••••••••••••• **a.** 등산(을) 하다

1.  • **b.** 게임(을) 하다

2.  • **c.** 아르바이트(를) 하다

3.  • **d.** 여행(을) 하다

4.  • **e.** 산책(을) 하다

5.  • **f.** 배드민턴을 치다

6.  • **g.** 낚시(를) 하다

7.  • **h.** 사진을 찍다

8.  • **i.** 자전거를 타다

📋 문법 학습

▶ MP3 02

V-았/었어요

어제 뭐 했어요?

공원에서 자전거를 탔어요.

지난 주말에 뭐 했어요?

*백화점에서 쇼핑했어요.

* 백화점: Department store

의미 Meaning	• 동사의 어간 뒤에 붙어서 과거의 동작을 이야기할 때 사용해요. '았/었어요' attaches to the end of a verb stem to state a past action.

형태 Form					
ㅏ, ㅗ	–았어요	살다:	살 + –았어요	➡	살았어요
ㅏ, ㅗ X	–었어요	먹다:	먹 + –었어요	➡	먹었어요
–하다	–했어요	공부하다:	공부 + –했어요	➡	공부했어요
ㅡ	ㅡ 탈락	쓰다:	ㅆ + –었어요	➡	썼어요
불규칙 'ㄷ'	ㄷ → ㄹ	듣다:	들 + –었어요	➡	들었어요
불규칙 '르'	르 → ㄹㄹ	부르다:	불ㄹ + –었어요	➡	불렀어요

예문 1. 어제 집에 갔어요.
　　　 2. 아침에 밥을 먹었어요.
　　　 3. 작년에 *서울에서 살았어요.

　　　　　　　　 * 서울: Seoul

💬 Tip!

명사	현재	과거
받침 O	N이에요	N이었어요
받침 X	N예요	N였어요
받침 O	N이 아니에요	N이 아니었어요
받침 X	N가 아니에요	N가 아니었어요

Q1. 친구와 이야기해 보세요. Talk with your partner.

질문	나	친구
1. 지난 주말에 *무엇을 했어요?		
2. 언제 한국에 왔어요?		
3. 몇 시에 일어났어요?		
4. 어제 무엇을 먹었어요?		
5. _____?		

* 무엇: What

📝 문법 연습

Q2. 그림을 보고 질문에 대답해 보세요. Look at the picture and answer the questions.

보기

가: 주말에 뭐 했어요?

나: _영화를 봤어요._

1.
가: 주말에 뭐 했어요?

나: _____

2.
가: 주말에 뭐 했어요?

나: _____

3.
가: 어제 뭐 했어요?

나: _____

4.
가: 어제 뭐 했어요?

나: _____

5.
가: 어제 뭐 했어요?

나: _____

6.
가: 기자였어요?

나: 아니요, _____

7.
가: 회사원이었어요?

나: 아니요, _____

문법 2

📋 문법 학습

MP3 **03**

N도

영화를 봤어요. 그리고 쇼핑도 했어요.

어제 뭐 했어요?

지난 주말에 뭐 했어요?

산책을 했어요. 그리고 배드민턴도 쳤어요.

의미 Meaning	• 명사나 일부 조사 뒤에 붙어서 이미 어떤 것이 포함되고 그 위에 더함의 뜻을 나타내요. '도' attaches to the end of a noun or a part of a postpositional particle to indicate the addition or inclusion of another thing.

형태 Form			
	받침 O	+ 도	운동도
	받침 X	+ 도	공부도

예문 1. 매일 한국어를 공부해요. 그리고 음악도 들어요.

2. 어제 사진을 찍었어요. 그리고 자전거도 탔어요.

3. 공원에서 배드민턴을 쳐요. 그리고 산책도 해요.

① '은/는', '이/가', '을/를' → 도

• 빈슨은 요리사예요. → 빈슨**도** 요리사예요.

② '에', '에서', '하고' + 도 → '에도', '에서도', '하고도'

• 미국에 친구가 있어요. → 미국**에도** 친구가 있어요.

Q1. 친구와 이야기해 보세요. Talk with your partner.

질문	나	친구
1. 무엇을 좋아해요? (2개)		
2. 밤에 무엇을 해요? (2개)		
3. 가방 안에 무엇이 있어요? (2개)		

📝 문법 연습

Q2. 그림을 보고 질문에 대답해 보세요. Look at the picture and answer the questions.

보기

가: 주말에 뭐 했어요?

나: 산책을 했어요. 그리고 배드민턴도 쳤어요.

1.

가: 주말에 뭐 했어요?

나: _____

2.

가: 주말에 뭐 했어요?

나: _____

3.

가: 어제 등산했어요?

나: _____

4.

가: 일요일에 집에 있었어요?

나: _____

📋 문법 학습

안 V/A, V/A-지 않다

커피를 좋아해요?

아니요, 저는 커피를 안 마셔요.

주말에도 일해요?

아니요, 주말에는 일하지 않아요.

의미 Meaning	• 동사나 형용사의 어간 뒤에 붙여서 행위나 상태를 부정해요. '안' and '지 않다' attaches to the end of a verb or an adjective stem to negate an action or state.

형태 Form	① 동사 앞에 '안'을 붙이거나, 동사 어간 뒤에 '-지 않다'를 붙여요. Add '안' before a verb or '지 않다' after a verb stem.

받침 O	먹다	안 먹어요	먹지 않아요
받침 X	가다	안 가요	가지 않아요

② 'N+하다' 동사는 'N+안 하다' 형태로 써요.
'N+하다' verbs are negated by adding '안' before the '하다', forming '안 하다'.

명사+하다: 공부하다, 청소하다, 운동하다, 일하다

공부하다	공부 안 해요	공부하지 않아요
청소하다	청소 안 해요	청소하지 않아요

예문 1. 오늘 회사에 **안** 가요. / 가지 않아요.

2. 이 음식은 제가 **안** 만들었어요. / 만들지 않았어요.

3. 저는 아침에 **운동을 안** 해요. / 운동하지 않아요.

Q1. 친구와 이야기해 보세요. Talk with your partner.

질문	나	친구
1. 주말에 한국어를 공부해요?		
2. 매일 운동해요?		
3. 아침에 *주스를 마셨어요?		
4. 지난주에 영화를 봤어요?		

* 주스: Juice

📝 문법 연습

Q2. 그림을 보고 질문에 대답해 보세요. Look at the picture and answer the questions.

> **보기**
>
>
>
> 가: 지금 *술을 마셔요?
>
> 나: 아니요, 술을 안 마셔요. 커피를 마셔요.
>
>   * 술: Alcohol

1.

가: 햄버거를 좋아해요?

나: _____

2.

가: 오늘 도서관에 가요?

나: _____

3.

가: 어제 공부했어요?

나: _____

4.

가: 주말에 운동했어요?

나: _____

이리나: 빈슨 씨, 주말에 뭐 했어요?

빈슨: 아르바이트를 했어요. 그리고 영화도 봤어요. 이리나 씨는 뭐 했어요?

이리나: 저는 토요일에 도서관에서 공부했어요.

빈슨: 일요일에도 공부했어요?

이리나: 아니요, 공부하지 않았어요.

빈슨: 그럼 뭐 했어요?

이리나: 공원에서 산책했어요. 그리고 자전거도 탔어요.

내용 확인

Q1. 대화를 듣고 질문에 대답해 보세요. Listen to the dialogue and answer the questions.

1. 빈슨 씨는 주말에 운동했어요?

2. 빈슨 씨는 언제 영화를 봤어요?

3. 이리나 씨는 토요일에 어디에 갔어요?

4. 이리나 씨는 공원에서 뭐 했어요?

Q2. 아래 어휘를 사용하여 친구와 대화 연습을 해 보세요.

Practice having a conversation with your partner using the vocabulary below.

영화–보다
도서관–공부하다
공원–산책하다
자전거–타다

*집안일–하다
카페–친구를 만나다
집–쉬다
책–읽다

등산–하다
집–*그림을 그리다
피아노 학원–*피아노를 치다
노래–부르다

* 집안일: Housework, 그림을 그리다: To draw a picture, 피아노를 치다: To play piano

Q3. 활동 카드(213P)를 사용하여 〈보기〉와 같이 친구와 이야기해 보세요.

Talk with your partner as shown in the example using the activity cards (213P).

> **방법**
>
> 1. 활동 카드(213P)를 준비하세요.
>   Prepare the activity cards (213P).
>
> 2. 한 사람은 '가'에서 단어를 하나 뽑고, 다른 한 사람은 '나'에서 단어를 하나 뽑으세요.
>   One person picks a word from 가 and the other person picks a word from 나.
>
> 3. '가'는 질문을 하세요. 그리고 '나'는 '가'의 질문을 듣고 알맞게 대답하세요.
>   가 asks a question, and 나 answers the question.

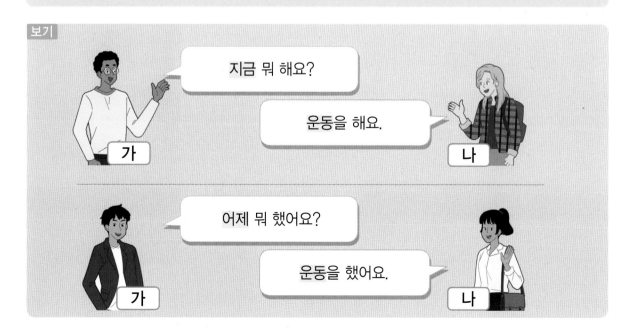

보기

지금 뭐 해요?

운동을 해요.

가 　 나

어제 뭐 했어요?

운동을 했어요.

가 　 나

Q. 지난 주말에 뭐 했어요? What did you do last weekend?

듣기 연습 ❶

Q1. 잘 듣고 연결해 보세요. Listen carefully and match the following.

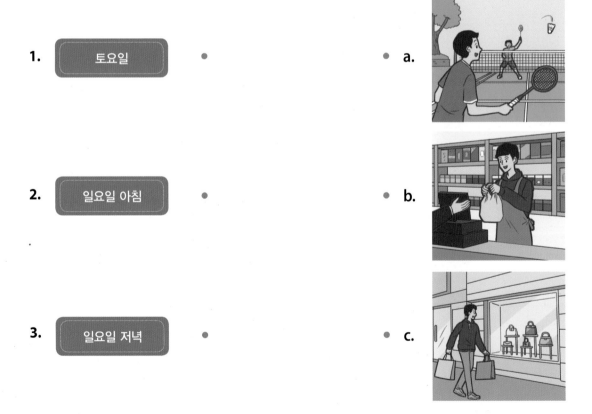

1. 토요일

2. 일요일 아침

3. 일요일 저녁

a.

b.

c.

Q2. 잘 듣고 맞으면 O, 틀리면 X 표시해 보세요. Listen carefully, and mark O if correct, and X if incorrect.

1. *여자는 주말에 일했어요.   O   X

2. *남자와 여자는 함께 *산에 갔어요.   O   X

3. 남자는 주말에 등산했어요.   O   X

4. 남자는 주말에 사진을 찍었어요.   O   X

* 여자: Woman, 남자: Man, 산: Mountain

듣기 연습 ❸   MP3 08

Q3. 잘 듣고 빈칸을 채워 보세요. Listen carefully and fill in the blanks.

1. 주말에도 _____?

2. 아니요, _____.

3. 저는 친구하고 _____.

4. _____ 찍었어요?

저는 주말에 *종로에서 친구를 만났어요.
10시부터 12시까지 *경복궁을 산책했어요.
그리고 사진도 찍었어요.
경복궁 뒤에 카페가 있었어요.
*우리는 *그곳에서 1시간 쉬었어요.
저는 커피를 좋아해요.
*하지만 제 친구는 커피를 안 좋아해요.
*그래서 우리는 주스를 마셨어요.

> * 종로: Jongno, 경복궁: Gyeongbokgung Palace,
> 우리: We, 그곳: That place, 하지만: However,
> 그래서: Therefore

내용 확인

Q1. 글을 읽고 질문에 대답해 보세요. Read the text and answer the questions.

1. 주말에 누구를 만났어요?

2. 어디에서 사진을 찍었어요?

3. 카페에서 무엇을 마셨어요?

Q1. 여러분은 지난 주말에 뭐 했어요? 일기를 써 보세요.

What did you do last weekend? Write your answer.

요일, 시간	장소	뭐 했어요?

	학습 목표
	휴가 계획에 대해서 이야기할 수 있다.

어휘	휴가 계획
문법	V−(으)ㄹ 거예요 [①미래]
	N하고
	V−(으)러 가다/오다
말하기	콘서트에 갈 거예요.
듣기	여자 친구하고 데이트도 할 거예요.
읽기	비빔밥을 먹으러 한식집에 갈 거예요.
쓰기	이번 휴가에 뭐 할 거예요?
문화 & 발음	한국인의 휴가, 경음화 ①

📖 어휘 학습

MP3 10

휴가 계획 Vacation plan

휴가
Vacation

방학
Vacation

연휴
Long weekend

산
Mountain

바다
Sea

놀이공원
Amusement park

수영(을) 하다
To swim

캠핑(을) 하다
To go camping

이사(를) 하다
To move (to a new house or place)

데이트(를) 하다
To go on a date

고향에 가다
To visit one's hometown

놀이 기구를 타다
To go on a ride

📝 어휘 연습

Q1. 그림과 어휘를 연결해 보세요. Match the pictures to the vocabulary words.

보기

· **a.** 휴가

1. **b.** 산

2. **c.** 캠핑(을) 하다

3. **d.** 바다

4. **e.** 이사(를) 하다

5. **f.** 놀이공원

6. **g.** 데이트(를) 하다

7. **h.** 수영(을) 하다

8. **i.** 고향에 가다

 문법 학습

MP3 11

V-(으)ㄹ 거예요

휴가에 뭐 할 거예요?

집에서 책을 읽을 거예요.

휴가에 뭐 할 거예요?

바다에서 낚시를 할 거예요.

의미 Meaning	• 동사의 어간 뒤에 붙어서 미래의 일이나 계획을 나타낼 때 사용해요. '(으)ㄹ 거예요' attaches to the end of a verb stem to indicate a future event or a plan.		

형태 Form	받침 O	―을 거예요	먹다: 먹 + ―을 거예요 ➡ 먹을 거예요
	받침 X	―ㄹ 거예요	가다: 가 + ―ㄹ 거예요 ➡ 갈 거예요
	받침 'ㄹ'	―거예요	놀다: 놀 + ―거예요 ➡ 놀 거예요
	불규칙 'ㄷ'	ㄷ → ㄹ	듣다: 들 + ―을 거예요 ➡ 들을 거예요

예문
1. 저녁에 한국 음식을 먹을 거예요.
2. 휴가에 산에 갈 거예요.
3. 친구와 같이 놀 거예요.
4. 공원에서 음악을 들을 거예요.

Q1. 친구와 이야기해 보세요. Talk with your partner.

질문	나	친구
1. 저녁에 무엇을 먹을 거예요?		
2. 생일에 무엇을 할 거예요?		
3. 오늘 몇 시에 잘 거예요?		
4. 친구가 한국에 와요. 　 그럼 어디에 갈 거예요?		
5. _____?		

📝 문법 연습

Q2. 그림을 보고 질문에 대답해 보세요. Look at the picture and answer the questions.

보기

가: 휴가에 뭐 할 거예요?

나: <u>이사를 할 거예요.</u>

1. 가: 내일 뭐 할 거예요?

   나: _____

2. 가: 이번 주말에 뭐 할 거예요?

   나: _____

3. 가: 저녁에 뭐 할 거예요?

   나: _____

4. 가: 방학에 뭐 할 거예요?

   나: _____

5. 가: 다음 주에 뭐 할 거예요?

   나: _____

6. 가: 다음 주에 뭐 할 거예요?

   나: _____

7. 가: 일요일에 뭐 할 거예요?

   나: _____

📋 문법 학습

MP3 **12**

N하고

의미 Meaning	① 명사 뒤에 붙어서 여러 가지 사물이나 사람을 나열하는 의미를 나타내요. '하고' attaches to the end of a noun to list things or people.
	② 명사 뒤에 붙어서 행위를 함께하는 대상임을 나타내요. 주로 '함께', '같이' 등과 자주 쓰여요. '하고' attaches to the end of a noun to indicate the person with whom the subject performs the action. '함께 (together)' and '같이 (together)' normally follow the particle.

형태 Form

① 하고(And)

산	+ 하고	바다	산하고 바다

② 하고(With)

선생님 친구	+ 하고	같이 함께	선생님하고 같이 친구하고 함께

예문 1. 산하고 바다에 갈 거예요.
　　　2. 선생님하고 같이 이야기할 거예요.
　　　3. 친구하고 함께 저녁을 먹을 거예요.

'N하고' = 'N와/과', 'N(이)랑'
• 산하고 바다에 갈 거예요.
　= 산과 바다에 갈 거예요.
　= 산이랑 바다에 갈 거예요.

Q1. 친구와 이야기해 보세요. Talk with your partner.

질문	나	친구
1. 보통 누구하고 쇼핑해요?		
2. 생일에 무엇을 받았어요? (2개)		

📝 문법 연습

Q2. 그림을 보고 질문에 대답해 보세요. Look at the picture and answer the questions.

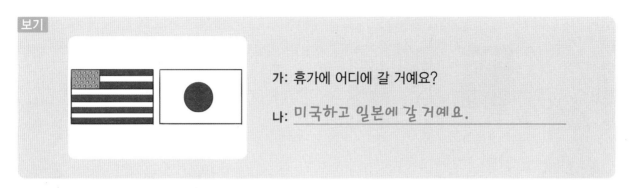

보기

가: 휴가에 어디에 갈 거예요?

나: <u>미국하고 일본에 갈 거예요.</u>

1.

가: 휴가에 어디에 갈 거예요?

나: _____

2.

가: 휴가에 뭐 할 거예요?

나: _____

3.

이리나   나

가: 누구하고 놀이공원에 갈 거예요?

나: _____

4.

친구   나

가: *혼자 등산할 거예요?

나: _____

* 혼자: Alone

📋 문법 학습

▶ MP3 13

V-(으)러 가다/오다

의미 Meaning	• 동사의 어간 뒤에 붙어서 이동하는 이유나 목적을 말할 때 사용해요. '(으)러 가다' attaches to the end of a verb stem to indicate the reason or purpose of a movement.		

받침 O	–으러 가다/오다	먹다: 먹 + –으러 가다/오다	➡ 먹으러 가다/오다
받침 X	–러 가다/오다	사다: 사 + –러 가다/오다	➡ 사러 가다/오다
받침 'ㄹ'	–러 가다/오다	놀다: 놀 + –러 가다/오다	➡ 놀러 가다/오다
불규칙 'ㄷ'	ㄷ → ㄹ	듣다: 들 + –으러 가다/오다	➡ 들으러 가다/오다

형태
Form

예문 1. 밥을 **먹으러** 식당에 가요.

2. 가방을 **사러** 백화점에 갔어요.

3. 친구하고 **놀러** 친구 집에 왔어요.

4. 노래를 **들으러** 콘서트에 갈 거예요.

> 💡 Tip!
>
> '–(으)러 가다/오다' 앞에는 '가다, 오다' 같은 이동 동사는 쓸 수 없어요.
> The movement verbs such as '가다' and '오다' cannot be used before '–(으)러 가다/오다'.
> • 가러 가다 (x), 오러 가다 (x)

Q1. 친구와 이야기해 보세요. Talk with your partner.

질문	나	친구
1. 왜 도서관에 가요?		
2. 왜 백화점에 갔어요?		
3. 왜 학원에 왔어요?		

📝 문법 연습

Q2. 그림을 보고 질문에 대답해 보세요. Look at the picture and answer the questions.

보기

가: 내일 뭐 할 거예요?

나: 도서관에 책을 읽으러 갈 거예요.

1.

가: 내일 뭐 할 거예요?

나: _____

2.

가: 휴가에 뭐 할 거예요?

나: _____

3.

가: 휴가에 뭐 할 거예요?

나: _____

4.

가: 저녁에 뭐 할 거예요?

나: _____

5.

가: 저녁에 뭐 할 거예요?

나: _____

6.

가: 다음 주에 뭐 할 거예요?

나: _____

7.

가: 다음 주에 뭐 할 거예요?

나: _____

유코: 제임스 씨, 휴가가 언제예요?

제임스: 내일부터 휴가예요.

유코: 휴가에 뭐 할 거예요?

제임스: 산하고 바다에 놀러 갈 거예요. 유코 씨는 뭐 할 거예요?

유코: 저는 친구하고 같이 콘서트에 갈 거예요.

제임스: 콘서트요?

유코: 네, 콘서트에 한국 가수를 보러 갈 거예요.

내용 확인

Q1. 대화를 듣고 질문에 대답해 보세요. Listen to the dialogue and answer the questions.

1. 제임스 씨는 언제부터 휴가예요?

2. 제임스 씨는 휴가에 어디에 갈 거예요?

3. 유코 씨는 혼자 콘서트에 가요?

4. 유코 씨는 *왜 콘서트에 갈 거예요?

* 왜: Why

Q2. 아래 어휘를 사용하여 친구와 대화 연습을 해 보세요.
Practice having a conversation with your partner using the vocabulary below.

산, 바다 – 놀다 **친구** 콘서트 한국 가수를 보다	*경주, *부산 – 사진을 찍다 ***가족** 프랑스 여행하다	*한강, 놀이공원 – 데이트를 하다 ***동생** *제주도 낚시하다

* 경주: Gyeongju, 부산: Busan, 가족: Family, 한강: Hangang River,
동생: Younger brother/sister, 제주도: Jejudo Island

Q3. 친구와 함께 휴가 계획을 세우고 〈보기〉와 같이 이야기해 보세요.
Plan a vacation with your partner and talk about it as shown in the example.

질문	대답
언제 시간이 있어요?	
친구하고 어디에서 만날 거예요?	
친구하고 같이 어디에 갈 거예요?	
그곳에서 뭐 할 거예요? (2개)	

보기

저하고 미나 씨는 토요일에 시간이 있어요.
그래서 토요일 오후 3시에 종각역에서 만날 거예요.
저는 미나 씨하고 같이 쇼핑하러 백화점에 갈 거예요.
그리고 같이 저녁도 먹을 거예요.

Q. 휴가에 뭐 할 거예요? How do you plan to spend your vacation?

듣기 연습 ❶

Q1. 들은 순서대로 번호를 써 보세요. Write the numbers in the order you hear them.

Q2. 잘 듣고 맞으면 O, 틀리면 X 표시해 보세요. Listen carefully, and mark O if correct, and X if incorrect.

1. 남자는 휴가에 콘서트를 보러 갈 거예요.   O   X

2. 남자는 휴가에 여자 친구를 만날 거예요.   O   X

3. 여자는 친구하고 같이 바다에 수영하러 갈 거예요.   O   X

4. 여자는 바다에서 사진을 찍을 거예요.   O   X

듣기 연습 ❸   MP3 17

Q3. 잘 듣고 빈칸을 채워 보세요. Listen carefully and fill in the blanks.

1. 저는 휴가에 콘서트를 _____.

2. 여자 친구하고 _____.

3. _____ 바다에 수영하러 갈 거예요.

4. 바다에서 _____.

MP3 18

다음 주 금요일부터 휴가예요.
*이번 휴가에 고향 친구가 저를 만나러 한국에 와요.
친구는 한국 음식을 좋아해요.
우리는 *비빔밥을 먹으러 *한식집에 갈 거예요.
친구는 *김치도 좋아해요.
그래서 김치 *박물관에서 김치를 만들 거예요.
친구하고 같이 한강 공원에도 놀러 갈 거예요.
그곳에서 자전거를 탈 거예요.
그리고 공원에서 피자도 먹을 거예요.

> * 이번 휴가: This vacation, 비빔밥: Bibimbap,
> 한식집: Korean restaurant,
> 김치: Kimchi, 박물관: Museum

내용 확인

Q1. **글을 읽고 질문에 대답해 보세요.** Read the text and answer the questions.

1. 친구가 한국에 왜 와요?

2. 두 사람은 왜 한식집에 갈 거예요?

3. 어디에서 김치를 만들 거예요?

4. 한강 공원에서 뭐 할 거예요?

Q1. 여러분은 이번 휴가에 뭐 할 거예요? 휴가 계획을 써 보세요.

How do you plan to spend your vacation? Write your answer.

어디에 갈 거예요?	누구하고 갈 거예요?	뭐 하러 갈 거예요?

한국인의 휴가
Korean Vacation

한국 사람들이 휴가를 보내는 모습이에요.
This is how Korean people spend their vacation.

휴식
Vacation

여행
Travel

취미 활동
Hobbies

출처: BodNara

여러분 나라 사람들은 휴가를 어떻게 보내요?
How do people in your country spend their vacation?

경음화①

받침소리 [ㄱ, ㄷ, ㅂ] 뒤에 처음 오는 글자가 'ㄱ, ㄷ, ㅂ, ㅅ, ㅈ'일 때,
'ㄱ, ㄷ, ㅂ, ㅅ, ㅈ'를 [ㄲ, ㄸ, ㅃ, ㅆ, ㅉ]로 발음해요.

The final consonants sounds 'ㄱ, ㄷ, ㅂ' followed by 'ㄱ, ㄷ, ㅂ, ㅅ, ㅈ' are pronounced as [ㄲ, ㄸ, ㅃ, ㅆ, ㅉ].

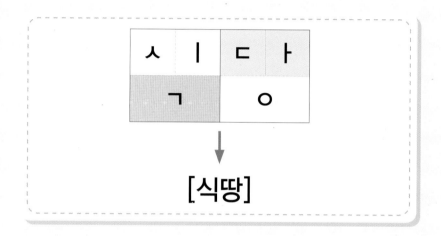

[식땅]

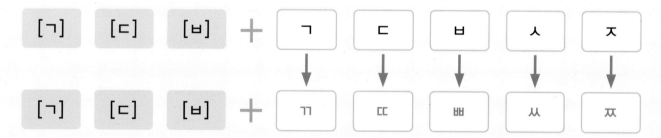

| [ㄱ] | [ㄷ] | [ㅂ] | + | ㄱ | ㄷ | ㅂ | ㅅ | ㅈ |
| [ㄱ] | [ㄷ] | [ㅂ] | + | ㄲ | ㄸ | ㅃ | ㅆ | ㅉ |

Q1. 밑줄 친 글자의 발음을 잘 들어 보세요.
Listen carefully to the pronunciation of the underlined letter.

학교
[학꾜]

맥주
[맥쭈]

걷다
[걷따]

접시
[접씨]

서울에서 부산까지 어떻게 갈 거예요?

학습 목표

이동 방법에 대해서 설명할 수 있다.

어휘	교통수단
문법	N(으)로
	N에서 N까지
말하기	고속버스로 갈 거예요.
듣기	집에서 여기까지 어떻게 올 거예요?
읽기	학원까지 지하철로 가요.
쓰기	어디에 자주 가요?

 어휘 학습

교통수단 Transportation

버스
Bus

지하철
Subway

택시
Taxi

자동차
Car

기차
Train

비행기
Plane

배
Ship

타다
To get on

내리다
To get off

갈아타다
To transfer

출발하다
To depart

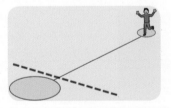

도착하다
To arrive

걸어서 가다
To go on foot

4시간

(시간이) 걸리다
To take (time)

📝 어휘 연습

Q1. 그림과 어휘를 연결해 보세요. Match the pictures to the vocabulary words.

보기

• **a.** 버스

1. • • **b.** 타다

2. • • **c.** 지하철

3. • • **d.** 출발하다

4. • • **e.** 택시

5. • • **f.** 배

6. • • **g.** 기차

7. • • **h.** 걸어서 가다

8. • • **i.** 비행기

 문법 학습

 MP3 21

N(으)로

학교에 어떻게 가요?

지하철 *1호선으로 가요.

학교에 어떻게 가요?

버스로 가요.

* 1호선: Line no.1

의미 Meaning	• 명사 뒤에 붙어서 이동 수단을 나타내요. '(으)로' attaches to the end of a noun to indicate means of transport.

형태 Form	받침 O	+ 으로	1호선으로
	받침 X	+ 로	기차로
	받침 'ㄹ'	+ 로	지하철로

예문
1. 집에서 공항까지 차로 갔어요.
2. 부산까지 기차로 갈 거예요.
3. 가: 여기까지 어떻게 왔어요?
   나: 걸어서 왔어요.

Tip!
① '걷다' → '걸어서'
   • 학교에 걸어서 가요.
② 방향의 '–(으)로' + 이동 동사(가다, 오다)
   • 오른쪽으로 가요.

Q1. 친구와 이야기해 보세요. Talk with your partner.

질문	나	친구
1. 회사(학교)에 어떻게 가요?		
2. 한국에 어떻게 왔어요?		
3. 집에 어떻게 갈 거예요?		

📝 문법 연습

Q2. 그림을 보고 질문에 대답해 보세요. Look at the picture and answer the questions.

보기

가: 회사에 어떻게 가요?

나: 자동차로 가요.

1.

가: 제주도에 어떻게 가요?

나: _____

2.

가: 학교에 어떻게 가요?

나: _____

3.

지하철
❶ 호선

가: 종각역에 어떻게 가요?

나: _____

4.

가: 부산에 어떻게 가요?

나: _____

5.

가: 병원에 어떻게 가요?

나: _____

6.

가: 공원에 어떻게 가요?

나: _____

📋 문법 학습

N에서 N까지

집에서 학원까지 버스로 얼마나 걸려요?

30분 *정도 걸려요.

집 30분 학원

* 정도: About, Approximately

1시간 정도 걸려요.

집에서 회사까지 지하철로 얼마나 걸려요?

집 1시간 회사

의미 Meaning	• 장소 명사 뒤에 붙어서 출발지와 도착지를 나타내요. It attaches to the end of a place noun to indicate the point of departure and the point of destination respectively.

장소 명사	+ 에서	장소 명사	+ 까지	
은행	+ 에서	병원	+ 까지	은행에서 병원까지
학교		회사		학교에서 회사까지

형태
Form

예문 1. 은행에서 병원까지 30분 정도 걸려요.

2. 학교에서 회사까지 1시간 정도 걸려요.

Tip!

① 장소 → '(장소)에서 (장소)까지'
  • 집에서 학교까지 걸어서 가요.

② 시간 → '(시간)부터 (시간)까지'
  • 12시부터 1시까지 공부해요.

Q1. 질문에 대답해 보세요 Answer the questions.

	어떻게 가요?	얼마나 걸려요?
1. 한국 → 고향		
2. 집 → 명동역		
3. 여기 → 부산역		

✏️ 문법 연습

Q2. 그림을 보고 질문 또는 대답해 보세요. Look at the picture and ask or answer questions.

보기

가: 병원에서 회사까지 자동차로 얼마나 걸려요?

나: 30분 정도 걸려요.

1.

가: _____?

나: 10분 정도 걸려요.

2.

가: _____?

나: 비행기로 가요.

3.

가: _____?

나: 지하철로 가요.

4.

가: _____?

나: _____

5.

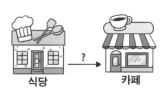

가: _____?

나: _____

빈슨: 이리나 씨는 이번 연휴에 뭐 할 거예요?

이리나: 저는 친구하고 부산에 갈 거예요.

빈슨: 부산이요? 서울에서 부산까지 어떻게 갈 거예요?

이리나: *고속버스로 갈 거예요.

빈슨: *그래요? 시간이 얼마나 걸려요?

이리나: 서울에서 부산까지 고속버스로 4시간 정도 걸려요.

* 고속버스: Express Bus, 그래요?: Really?

내용 확인

Q1. 대화를 듣고 질문에 대답해 보세요. Listen to the dialogue and answer the questions.

1. 이리나 씨는 언제 부산에 갈 거예요?

2. 이리나 씨는 부산까지 어떻게 갈 거예요?

3. 이리나 씨는 서울에서 1시에 출발해요. 그럼 몇 시에 부산에 도착해요?

Q2. 아래 어휘를 사용하여 친구와 대화 연습을 해 보세요.

Practice having a conversation with your partner using the vocabulary below.

부산 **서울** 고속버스 4시간	미국 **한국** 비행기 10시간	제주도 **여기** 배 12시간

Q3. 표를 완성하고 〈보기〉와 같이 친구와 이야기해 보세요.

Complete the table and talk with your partner as shown in the example.

장소	어떻게 가요/와요?	얼마나 걸려요?
집 → 학원		
한국 → 고향		
집 → ( )		

> 보기

집에서 학원까지 어떻게 와요?

버스로 와요.

시간이 얼마나 걸려요?

30분 정도 걸려요.

듣기

Q. 어떻게 가요? 얼마나 걸려요? How do you get there? How long does it take?

회사	학원	병원	공원

30분	10분	20분	5분

듣기 연습 ❶

 MP3 **24**

Q1. 잘 듣고 연결해 보세요. 그리고 교통수단과 시간을 쓰세요.
Listen carefully and match the following. And write transportation and time.

1.

•

a.

교통수단	시간

2.

•

b.

교통수단	시간

3.

•

c.

교통수단	시간

Q2. 잘 듣고 맞으면 O, 틀리면 X 표시해 보세요. Listen carefully, and mark O if correct, and X if incorrect.

1. 여자는 지금 *강남역에 도착했어요. O X

2. 남자는 지금 강남역에 있어요. O X

3. 여자는 강남역까지 지하철로 갈 거예요. O X

4. 여자의 집에서 강남역까지 지하철로 1시간 정도 걸려요. O X

* 강남역: Gangnam Station

듣기 연습 ➌ MP3 26

Q3. 잘 듣고 빈칸을 채워 보세요. Listen carefully and fill in the blanks.

1. _____ 어떻게 올 거예요?

2. _____ 갈 거예요.

3. 지하철로 _____?

4. _____ 걸려요.

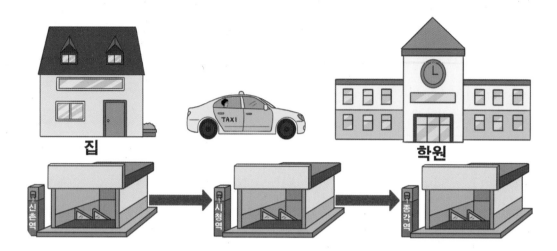

타쿠야 씨는 토요일에 한국어 학원에 가요.
타쿠야 씨 집은 *신촌역 근처에 있어요.
그리고 한국어 학원은 종각역 근처에 있어요.
타쿠야 씨는 보통 학원까지 지하철로 가요.
집에서 학원까지 40분 정도 걸려요.
*먼저 신촌역에서 2호선을 타요.

그리고 *시청역에서 1호선으로 갈아타요.
*그다음에 종각역에서 내려요.
역에서 학원까지 걸어서 가요.
오늘 아침에 타쿠야 씨는 9시 40분에 일어났어요.
그래서 택시로 학원까지 갔어요.
타쿠야 씨는 10시 수업에 *늦지 않았어요.

> * 신촌역: Sinchon Station, 먼저: First,
> 시청역: City Hall Station, 그다음에: And then, 늦다: To be late

내용 확인

Q1. 글을 읽고 질문에 대답해 보세요. Read the text and answer the questions.

1. 타쿠야 씨 집에서 학원까지 시간이 얼마나 걸려요?

2. 타쿠야 씨는 보통 학원에 어떻게 가요?

3. 타쿠야 씨는 어디에서 지하철을 갈아타요?

4. 타쿠야 씨는 오늘 왜 택시로 학원에 갔어요?

Q1. 여러분은 어디에 자주 가요? 써 보세요.
Where do you often go? Write your answer.

Q1. 어디에 *자주 가요?

Q2. 집에서 거기까지 어떻게 가요?

Q3. 거기까지 시간이 얼마나 걸려요?

Q4. 왜 그곳에 자주 가요?

Q5. 거기에서 보통 무엇을 해요?

* 자주: Often

4과

치마가 정말 예뻐요.

학습 목표	
물건의 상태를 설명할 수 있다.	

어휘	형용사①
	형용사②
	형용사③
문법	A-아/어요
	A-(으)ㄴ
말하기	치마가 좀 비싸요.
듣기	편한 옷 있어요?
읽기	구두가 좀 불편했어요.
쓰기	가방에 뭐가 있어요?
문화 & 발음	한국의 전통 의상, 비음화 ①

📖 어휘 학습

MP3 28

형용사 ① Adjective ①

크다
To be big

작다
To be small

많다
To be many/much

적다
To be few/little

멀다
To be far

가깝다
To be close

무겁다
To be heavy

가볍다
To be light

길다
To be long

짧다
To be short

높다
To be high

낮다
To be low

만 원

싸다
To be cheap

백만 원

비싸다
To be expensive

깨끗하다
To be clean

더럽다
To be dirty

📝 어휘 연습

Q1. 그림과 어휘를 연결해 보세요. Match the pictures to the vocabulary words.

보기

• **a.** 크다

1. • • **b.** 높다

2. • • **c.** 많다

3.
백만 원 • • **d.** 싸다

4.
만 원 • • **e.** 멀다

5. • • **f.** 비싸다

6. • • **g.** 무겁다

7. • • **h.** 깨끗하다

8. • • **i.** 길다

어휘 학습

형용사 ② Adjective ②

쉽다
To be easy

어렵다
To be difficult

재미있다
To be fun

재미없다
To be boring

편하다
To be comfortable

불편하다
To be uncomfortable

좋다
To be good

나쁘다
To be bad

빠르다
To be fast

느리다
To be slow

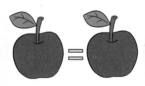

같다
To be the same

다르다
To be different

📝 어휘 연습

Q1. 그림과 어휘를 연결해 보세요. Match the pictures to the vocabulary words.

보기

•   **a.** 쉽다

1.

b. 같다

2.

c. 재미있다

3.

d. 어렵다

4.

e. 편하다

5.

f. 재미없다

6.

g. 좋다

7.

h. 불편하다

8.

i. 빠르다

📖 어휘 학습

형용사 ③ Adjective ③

춥다
To be cold

덥다
To be hot

맛있다
To be delicious

맛없다
To be not delicious

뜨겁다
To be hot

차갑다
To be cold

두껍다
To be thick

얇다
To be thin

배부르다
To be full

배고프다
To be hungry

바쁘다
To be busy

아프다
To be sick

📝 어휘 연습

Q1. 그림과 어휘를 연결해 보세요. Match the pictures to the vocabulary words.

보기

	a. 춥다
1.	**b.** 바쁘다
2.	**c.** 맛있다
3.	**d.** 아프다
4.	**e.** 뜨겁다
5.	**f.** 덥다
6.	**g.** 두껍다
7.	**h.** 차갑다
8.	**i.** 배고프다

📋 문법 학습

MP3 31

A-아/어요

치마가 어때요?

치마가 짧아요.

바지가 어때요?

바지가 길어요.

의미 Meaning	• 형용사의 어간 뒤에 붙어서 현재의 상태를 이야기하거나 질문할 때 사용해요. '아/어요' attaches to the end of an adjective stem to indicate a state or ask a question in the present tense.

형태 Form					
ㅏ, ㅗ	-아요	작다:	작 + -아요	→	작아요
ㅏ, ㅗ X	-어요	길다:	길 + -어요	→	길어요
-하다	-해요	편하다:	편 + -해요	→	편해요
ㅡ	ㅡ 탈락	크다:	ㅋ + -어요	→	커요
불규칙 '르'	르 → ㄹㄹ	빠르다:	빨ㄹ + -아요	→	빨라요
불규칙 'ㅂ'	ㅂ → 우	쉽다:	쉬우 + -어요	→	쉬워요

예문
1. 가방이 비싸요.
2. *수업이 재미있어요.
3. 옷이 편해요.
4. 비행기가 빨라요.
5. 시험이 쉬워요.

* 수업: Class

Tip!

'N+하다' 형용사 → '안 + 형용사'
• 불편해요? – 안 불편해요 (O), 불편 안 해요 (x)

Q1. 친구와 이야기해 보세요. Talk with your partner.

질문	나	친구
1. 우리 교실이 어때요?		
2. 무슨 한국 음식이 맛있어요?		
3. 한국어 공부가 어때요?		
4. 집에서 학원이 가까워요?		

📝 문법 연습

Q2. 그림을 보고 문장을 완성해 보세요. Look at the picture and complete the sentences.

보기

산이 <u>높아요.</u>

1. 사람이 _____

2. 회사에서 집까지 _____
   8시간

3. *날씨가 _____

   * 날씨: Weather

4. 방이 _____

5. 가방이 _____

6. 여자가 _____

7. 비행기가 _____

문법 학습

A-(으)ㄴ

가방이 커요. 작은 가방이 있어요?

네, 있어요.

옷이 불편해요. 편한 옷이 있어요?

네, 있어요.

의미 Meaning	· 형용사 뒤에 붙어서 뒤에 오는 명사를 수식하여 그 상태를 나타내요. '(으)ㄴ' attaches to the end of an adjective stem to modify the following noun and indicate the state of the noun.

형태 Form					
받침 O	–은	작다:	작 + –은	→	작은 N
받침 X	–ㄴ	크다:	크 + –ㄴ	→	큰 N
–있다/없다	–는	맛있다:	맛있 + –는	→	맛있는 N
받침 'ㄹ'	ㄹ 탈락	길:	기 + –ㄴ	→	긴 N
불규칙 'ㅂ'	ㅂ → 우	쉽다:	쉬우 + –ㄴ	→	쉬운 N

예문 1. 작은 가방이에요.

2. 큰 자동차예요.

3. 맛있는 피자예요.

4. 긴 기차예요.

Q1. 빈칸을 채워 보세요. Fill in the blanks.

1. 저는 _____ 집에서 살아요.

2. 어제 가게에서 _____ 안경을 샀어요.

3. 저는 자주 _____ 옷을 입어요.

4. 저는 오늘 _____ 음식을 먹을 거예요.

✏️ 문법 연습

Q2. 그림을 보고 문장을 완성해 보세요. Look at the picture and complete the sentences.

보기

우리는 ___좋은___ 친구예요.

1. 백화점에서 _____ 가방을 샀어요.

2. 어제 _____ 영화를 봤어요.

3. 내일 _____ 방을 청소할 거예요.

4. 옷가게에서 _____ 바지를 샀어요.

5. 바다에 _____ 사람들이 있어요.

6. 친구가 _____ 옷을 입었어요.

7. 집 근처 식당에서 _____ 피자를 먹었어요.

점원: *어서 오세요.

이리나: 안녕하세요? 치마 있어요?

점원: 네, 여기 있어요. 짧은 치마예요.

이리나: *정말 *예뻐요. 얼마예요?

점원: 50,000원이에요.

이리나: *좀 비싸요. 다른 치마 없어요?

점원: 이 긴 치마도 예뻐요.

이리나: 네, 좋아요. 그 치마는 얼마예요?

점원: 35,000원이에요.

> * 어서 오세요.: Welcome., 정말: Really,
> 예쁘다: To be pretty, 좀: A little

내용 확인

Q1. 대화를 듣고 질문에 대답해 보세요. Listen to the dialogue and answer the questions.

1. 이리나 씨는 어디에 있어요?

2. 이리나 씨는 왜 짧은 치마를 사지 않았어요?

3. 이리나 씨는 *어떤 치마를 샀어요?

> * 어떤: What (kind of)

Q2. 아래 어휘를 사용하여 친구와 대화 연습을 해 보세요.

Practice having a conversation with your partner using the vocabulary below.

치마 **짧다** 예쁘다 길다	*구두 **낮다** 편하다 높다	가방 **크다** 좋다 작다

* 구두: Dress shoes

Q3. 〈보기〉와 같이 친구와 이야기해 보세요.

Talk with your partner as shown in the example.

방법

1. 친구의 물건 중에서 사고 싶은 것을 고르세요.
   Decide what you want to buy from your friend.

2. 아래 〈보기〉처럼 'A-(으)ㄴ N'을 사용해서 친구의 물건을 사 보세요.
   As shown in the example below, use 'A-(으)ㄴ N' to buy from your friend.

3. 반대로 친구에게 물건을 팔아 보세요.
   Try selling something to your friend.

보기

점원: 어서 오세요.

손님: 안녕하세요. 작은 가방 있어요?

점원: 이 가방이 작아요. 가벼운 가방이에요.

손님: 얼마예요?

점원: 35,000원이에요.

손님: 좀 비싸요. *깎아 주세요.

점원: 네, 좋아요.

* 깎아 주세요: Please give me a discount.

Q. 여러분은 뭐가 좋아요? Which do you prefer?

높다/낮다

뜨겁다/차갑다

크다/작다

길다/짧다

듣기 연습 ❶

 MP3 **34**

Q1. 들은 순서대로 번호를 써 보세요. Write the numbers in the order you hear them.

Q2. 잘 듣고 맞으면 O, 틀리면 X 표시해 보세요. Listen carefully, and mark O if correct, and X if incorrect.

1. 남자는 옷가게에 있어요.　　　　　　　　　O　　X

2. 남자는 비싼 옷을 *찾아요.　　　　　　　　O　　X

3. 이 옷가게에는 큰 옷이 없어요.　　　　　　O　　X

4. 남자는 옷을 사지 않았어요.　　　　　　　O　　X

* 찾다: To find, look for

Q3. 잘 듣고 빈칸을 채워 보세요. Listen carefully and fill in the blanks.

1. _____ 옷 있어요?

2. 네, 여기요. 이거 _____?

3. 옷이 좀_____.

4. _____ ?

유코 씨는 백화점에 구두를 사러 갔어요.
백화점 구두가 좀 불편했어요.
그리고 *너무 비쌌어요.
유코 씨는 백화점 근처 작은 *시장에 갔어요.
거기에는 신발이 *아주 많았어요.
그리고 안 비쌌어요.
*운동화는 어제부터 *세일을 했어요.
그래서 구두하고 운동화를 샀어요.
유코 씨는 내일 *새 운동화를 신을 거예요.

> * 너무: Too, 시장: Market, 아주: Very,
> 운동화: Sneakers, 세일(을) 하다: To be on sale, 새: New

내용 확인

Q1. 글을 읽고 질문에 대답해 보세요. Read the text and answer the questions.

1. 유코 씨는 백화점에 왜 갔어요?

2. 백화점 구두가 어땠어요?

3. 유코 씨는 어디에서 구두를 샀어요?

4. 유코 씨는 왜 운동화도 샀어요?

Q1. 여러분의 가방에 뭐가 있어요? 그 물건은 어때요? 써 보세요.

What is inside your bag? What are they like? Write your answer.

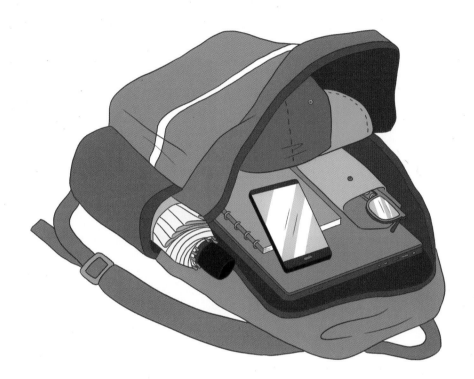

한국의 전통 의상
Traditional Korean Clothing

> ## 한국의 전통 의상을 '한복'이라고 불러요.
> Hanbok is a traditional Korean clothing.

- 남자는 위에 저고리, 아래에 바지를 입어요.
  Men wear jeogori on top and pants on the bottom.

- 여자는 위에 저고리, 아래에 치마를 입어요.
  Women wear jeogori on top and a skirt on the bottom.

- 한복은 보통 명절이나 전통 결혼식 때 입어요..
  Hanbok is typically worn during holidays or traditional weddings.

여러분 나라의 전통 의상을 소개해 주세요.
Describe the traditional clothing in your country.

비음화①

받침소리 [ㅂ] 뒤에 처음 오는 글자가 'ㄴ'이나 'ㅁ'일 때,
받침소리 [ㅂ]을 [ㅁ]으로 발음해요.

The final consonants sounds [ㅂ] followed by 'ㄴ' or 'ㅁ' is pronounced as [ㅁ].

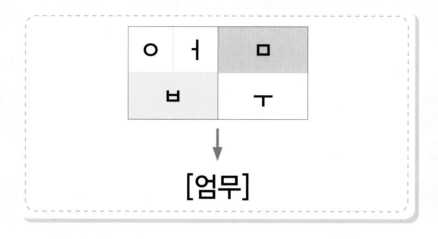

[엄무]

Q1. 밑줄 친 글자의 발음을 잘 들어 보세요.
Listen carefully to the pronunciation of the underlined letter.

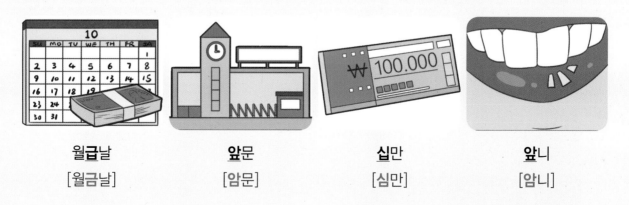

월**급**날	**앞**문	**십**만	**앞**니
[월금날]	[암문]	[심만]	[암니]

5과 가족 중에서 누가 제일 커요?

사람의 성격 또는 외모를 비교할 수 있다.

어휘	가족
	외모 & 성격
	신체
문법	N보다 (더)
	N 중에서 제일
말하기	언니가 저보다 더 커요.
듣기	가족 중에서 누가 제일 부지런해요?
읽기	저는 우리 가족 중에서 제일 키가 작아요.
쓰기	가족의 외모와 성격이 어때요?

📖 어휘 학습

 MP3 39

가족 Family

가족
Family

할아버지
Grandfather

할머니
Grandmother

부모님
Parents

아버지/아빠
Father/Dad

어머니/엄마
Mother/Mom

오빠/형
Older brother

언니/누나
Older sister

동생
Younger brother/sister

📝 어휘 연습

Q1. 그림과 어휘를 연결해 보세요. Match the pictures to the vocabulary words.

보기

· • **a.** 가족

1.

b. 오빠/형

2.

c. 할아버지

3.

d. 언니/누나

4.

e. 아버지/아빠

5.

f. 동생

6.

g. 어머니/엄마

7.

h. 할머니

8.

i. 부모님

어휘 학습

외모 & 성격 Appearance & Personality

멋있다
To be handsome

예쁘다
To be pretty

귀엽다
To be cute

키가 크다
To be tall

키가 작다
To be short

날씬하다
To be slim

친절하다
To be kind

활발하다
To be outgoing

부지런하다
To be diligent

게으르다
To be lazy

말이 많다
To be talkative

조용하다
To be quiet

✏️ 어휘 연습

Q1. 그림과 어휘를 연결해 보세요. Match the pictures to the vocabulary words.

보기

	a. 멋있다
1.	**b.** 키가 크다
2.	**c.** 예쁘다
3.	**d.** 날씬하다
4.	**e.** 귀엽다
5.	**f.** 친절하다
6.	**g.** 부지런하다
7.	**h.** 활발하다
8.	**i.** 조용하다

📖 어휘 학습

MP3 41

신체 Body

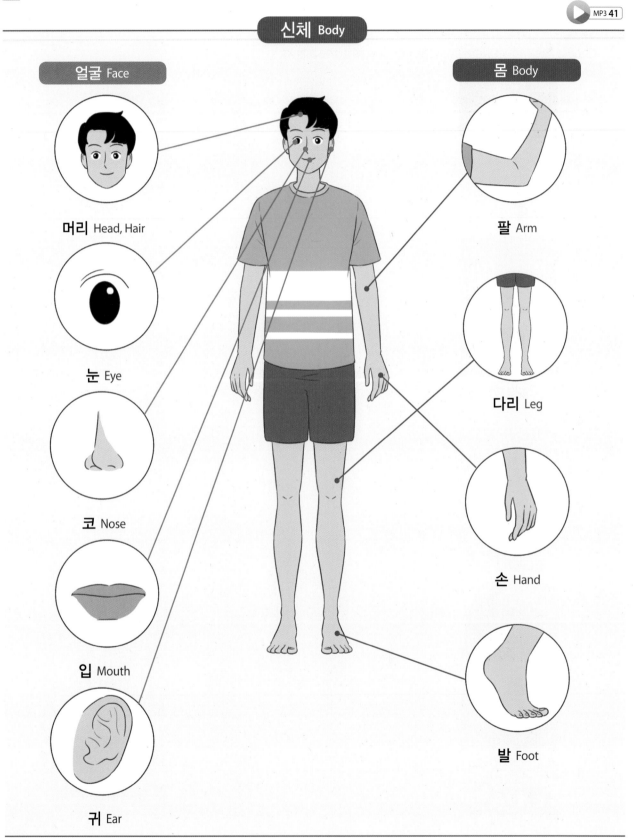

얼굴 Face

머리 Head, Hair

눈 Eye

코 Nose

입 Mouth

귀 Ear

몸 Body

팔 Arm

다리 Leg

손 Hand

발 Foot

📝 어휘 연습

Q1. 〈보기〉에서 알맞은 어휘를 골라 빈칸에 써 보세요.
Choose the correct word from the box and fill in the blanks.

| 보기 | 머리 손 눈 코 팔 입 발 귀 다리 |

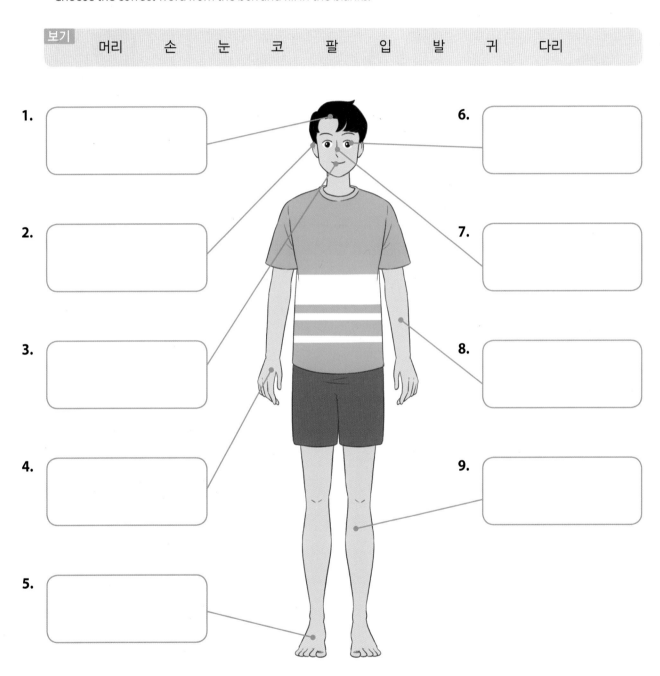

1.

2.

3.

4.

5.

6.

7.

8.

9.

문법 학습

MP3 42

N보다 (더)

누구 키가 더 커요?

아빠가 엄마보다 키가 더 커요.

누가 더 날씬해요?

언니가 저보다 더 날씬해요.

의미 Meaning	• 보통 2개 이상의 명사를 비교할 때, 기준이 되는 명사 뒤에 '보다'를 붙여서 사용해요. When comparing two or more nouns, '보다' attaches to the end of a noun that is being compared.
형태 Form	**N이/가 N보다 (더) V/A** 동생<u>이</u> 언니보다 더 <u>커요</u>. 형<u>이</u> 누나보다 더 <u>게을러요</u>. 할아버지<u>가</u> 할머니보다 더 <u>부지런해요</u>. 아빠<u>가</u> 엄마보다 더 <u>날씬해요</u>. **Tip!** N이/가 N보다 더 V/A = N이/가 (N보다) (더) V/A • 이 영화가 저 영화보다 더 재미있어요. 　= 이 영화가 더 재미있어요. 　= 이 영화가 저 영화보다 재미있어요.

Q1. 아래 두 개를 비교해서 말해 보세요. Compare the two below.

1. *수박 / *사과 　➡ _____

2. 어머니 / 아버지 　➡ _____

3. 한국 / 우리 나라 　➡ _____

4. 친구 _____ 씨 / 나 　➡ _____

5. _____ / _____ 　➡ _____

* 수박: Watermelon, 사과: Apple

📝 문법 연습

Q2. 그림을 보고 문장을 써 보세요. Look at the picture and write a sentence.

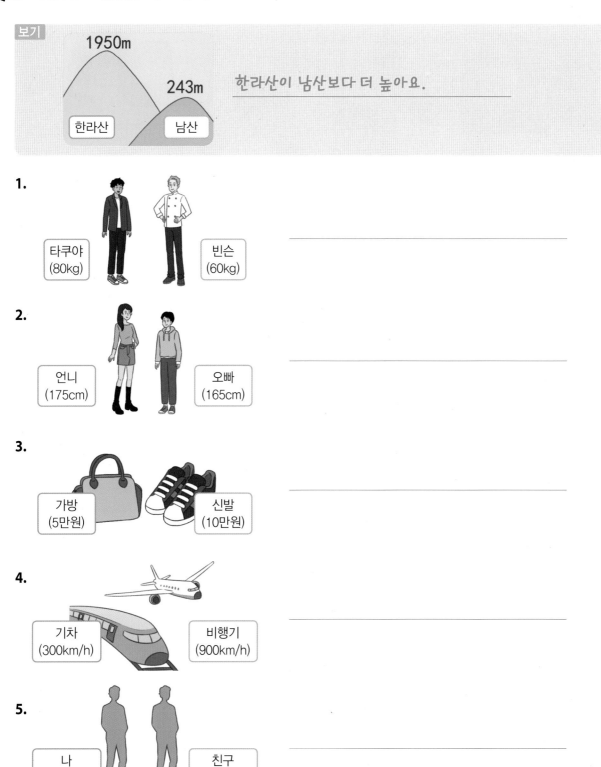

보기

1950m
243m
한라산   남산

한라산이 남산보다 더 높아요.

1.

타쿠야
(80kg)

빈슨
(60kg)

_____

2.

언니
(175cm)

오빠
(165cm)

_____

3.

가방
(5만원)

신발
(10만원)

_____

4.

기차
(300km/h)

비행기
(900km/h)

_____

5.

나
(   )

친구
(   )

_____

📋 문법 학습

MP3 43

N 중에서 제일

가족 중에서 누가 제일 날씬해요?

가족 중에서 엄마가 제일 날씬해요.

가게에서 뭐가 제일 비싸요?

컴퓨터가 제일 비싸요.

의미 Meaning	① N 중에서 제일 A/Ad : 형용사나 부사 앞에 써서 '여럿 가운데 제일'이란 의미를 나타내요. '중에서 제일' is placed before an adjective or adverb to mean 'the most A/Ad among N'. ② N에서 제일 A/Ad : 명사가 장소일 경우, '거기에서 제일'이란 의미를 나타내요. When the noun represents a place, '에서 제일' is used to mean the 'the most A/Ad in N'.

형태 Form	N 중에서 제일 A/Ad	친구 중에서 조나단이 제일 부지런해요. 가족 중에서 언니가 제일 *일찍 일어나요.　　　* 일찍: Early
	N에서 제일 A/Ad	한국에서 한라산이 제일 높아요. 집에서 제 방이 제일 커요.

> **Tip!**
>
> '제일' = '가장'
> • 가족 중에서 언니가 제일 부지런해요. = 가족 중에서 언니가 가장 부지런해요.

Q1. 빈칸을 채워 보세요. Fill in the blanks.

1. 우리 *반에서 _____ 씨가 제일 _____.

2. 저는 가족 중에서 _____.

3. _____ 중에서 _____ 이/가 제일 _____.

* 반: Class

📝 문법 연습

Q2. 그림을 보고 질문에 대답해 보세요. Look at the picture and answer the questions.

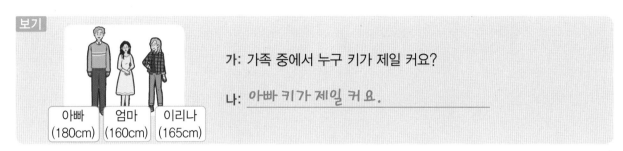

보기

아빠 (180cm) 엄마 (160cm) 이리나 (165cm)

가: 가족 중에서 누구 키가 제일 커요?

나: 아빠 키가 제일 커요.

1.

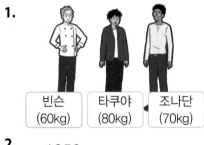

빈슨 (60kg) 타쿠야 (80kg) 조나단 (70kg)

가: 세 사람 중에서 누가 제일 날씬해요?

나: _____

2.

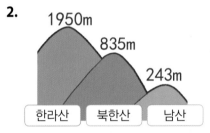

1950m 835m 243m
한라산 북한산 남산

가: 한국 산 중에서 무슨 산이 제일 높아요?

나: _____

3.

피자 (30,000원) 치킨 (20,000원) 햄버거 (10,000원)

가: 이 식당에서 뭐가 제일 비싸요?

나: _____

4.

유코 이리나 나타완

가: 교실에서 누가 제일 활발해요?

나: _____

5.

가방 (100,000원) 모자 (150,000원) 신발 (200,000원)

가: 이 가게에서 뭐가 제일 싸요?

나: _____

빈슨: 이리나 씨는 키가 커요. 언니도 키가 커요?

이리나: 네, 언니가 저보다 더 커요.

빈슨: 그럼 가족 중에서 누가 제일 커요?

이리나: 아빠가 제일 커요.

빈슨: 그래요? 그럼 가족 중에서 누가 제일 작아요?

이리나: 엄마가 제일 작아요. 빈슨 씨 가족은요?

빈슨: 제가 제일 작아요.

내용 확인

Q1. 대화를 듣고 질문에 대답해 보세요. Listen to the dialogue and answer the questions.

1. 이리나 씨의 가족은 몇 명이에요?

2. 이리나 씨하고 언니 중에서 누구의 키가 더 커요?

3. 이리나 씨 가족 중에서 누가 제일 작아요?

Q2. 아래 어휘를 사용하여 친구와 대화 연습을 해 보세요.
Practice having a conversation with your partner using the vocabulary below.

키가 크다	부지런하다	조용하다
아빠	할머니	엄마
작다	게으르다	말이 많다
엄마	동생	오빠

Q3. 활동 카드(215P)를 사용하여 친구와 이야기해 보세요. 그리고 정답을 쓰세요.
Talk with your partner using the activity card (215P). And write your answer.

> **방법**
>
> 1. 활동 카드(215P)를 준비하세요.
>   Prepare the activity cards (215P).
>
> 2. 한 사람은 교재를 보고 질문하고, 다른 한 사람은 카드를 보고 대답하세요.
>   One person looks at the textbook and asks questions, while the other person looks at the cards and answers.
>
>   **예** 가방이 신발보다 비싸요?, 모자가 제일 비싸요?
>
> 3. 친구의 대답을 듣고 빈칸에 정답을 쓰세요.
>   Listen to your partner's answer and write the correct answer in the blank space.

1. 무엇의 가격이에요? (가방, 모자, 바지, 신발)

10,000원	27,000원	34,000원	65,000원

2. 누구의 키예요? (루이스, 미나, 제임스, 피에르)

166cm	170cm	178cm	181cm

3. 누구예요? (동생, 언니, 엄마, 할머니)

50kg	53kg	61kg	64kg

Q. 빈슨 씨 가족이에요. 누가 가장 키가 커요? This is Mr. Vinson's family. Who is the tallest?

| 아빠 | 엄마 | 누나 | 빈슨 | 남동생 |

듣기 연습 ❶

Q1. 누구일까요? 잘 듣고 빈칸에 써 보세요.

Who is it? Listen carefully and write in the blanks.

1.

190cm   160cm

2.

100kg   60kg

3.

MP3 46

Q2. 잘 듣고 맞으면 O, 틀리면 X 표시해 보세요. Listen carefully, and mark O if correct, and X if incorrect.

1. 남자의 가족은 4명이에요.   O   X

2. 남자는 누나가 있어요.   O   X

3. 남자의 형은 남자보다 더 부지런해요.   O   X

4. 남자의 가족 중에서 아버지가 제일 부지런해요.   O   X

듣기 연습 ❸   MP3 47

Q3. 잘 듣고 빈칸을 채워 보세요. Listen carefully and fill in the blanks.

1. 할아버지, 할머니, _____ 그리고 저예요.

2. 형이 _____ 부지런해요.

3. _____ 누가 제일 부지런해요?

4. _____ 부지런해요.

저는 유코예요.

작년에 한국의 *대학교에 공부하러 왔어요.

우리 가족은 지금 고향에 있어요.

머리가 긴 사람은 우리 어머니예요.

어머니는 아주 친절해요.

우리 아버지는 키가 커요.

그리고 조용한 성격이에요.

아버지 옆에 있는 사람은 우리 오빠예요.

오빠는 아버지보다 키가 더 커요.

그리고 재미있는 이야기를 많이 해요.

저는 우리 가족 중에서 제일 키가 작아요.

그리고 저는 귀여워요.

* 대학교: University

내용 확인

Q1. 글을 읽고 질문에 대답해 보세요. Read the text and answer the questions.

1. 유코 씨 가족은 *모두 몇 명이에요?

2. 유코 씨의 아버지는 성격이 어때요?

3. 유코 씨 가족 중에서 누가 제일 재미있어요?

4. 유코 씨는 외모가 어때요?

* 모두: Altogether

Q1. 여러분의 가족은 몇 명이에요? 가족의 외모와 성격은 어때요? 써 보세요.

How many people are in your family? Describe the appearance and personality of your family and write it down.

6과

이 식당의 음식이 어떻습니까?

		학습 목표
		음식의 맛을 설명할 수 있다.

어휘	음식
	맛
문법	V/A-(스)ㅂ니다
	V/A-고
	V/A-지만
말하기	김치찌개가 싸고 맛있습니다.
듣기	떡국 맛이 어떻습니까?
읽기	비빔밥은 맛있었지만 너무 많았습니다.
쓰기	어떤 한국 음식을 먹었습니까?
문화 & 발음	한국의 음식, 비음화 ②

📖 어휘 학습

음식 Food

밥 Rice

비빔밥
Bibimbap

김밥
Gimbap

면 Noodles

라면
Ramen, Instant noodles

냉면
Naengmyeon,
Cold buckwheat noodles

국 Soup

떡국
Tteokguk,
Sliced rice cake soup

미역국
Miyeokguk,
Seaweed soup

찌개 Stew

김치찌개
Kimchi Stew

된장찌개
Soybean Paste Stew

고기 Meat

불고기
Bulgogi

삼겹살
Samgyeopsal, Pork belly

반찬 Side dish

생선구이
Grilled fish

김치
Kimchi

음료수 Beverage

콜라
Coke

사이다
Sprite

주스
Juice

술
Alcohol, Liquor

간식 Snack

빵
Bread

케이크
Cake

과자
Snack

사탕
Candy

과일 Fruit

사과
Apple

수박
Watermelon

딸기
Strawberry

레몬
Lemon

어휘 학습

MP3 50

맛 Taste

달다

To be sweet

짜다

To be salty

맵다

To be spicy

쓰다

To be bitter

시다

To be sour

싱겁다

To be bland

📝 어휘 연습

Q1. 음식과 맛을 연결해 보세요. Match the food to its taste.

보기
 ●‥‥‥‥‥‥‥‥‥‥‥‥‥‥‥‥‥‥● **a.** 짜다

1.
 ●   ● **b.** 달다

2.
 ●   ● **c.** 맵다

3.
 ●   ● **d.** 쓰다

4.
 ●   ● **e.** 시다

5.
 ●   ● **f.** 싱겁다

📋 문법 학습

▶ MP3 51

V/A-(스)ㅂ니다

김치찌개 맛이 어떻습니까?

*조금 맵습니다. 하지만 맛있습니다.

* 조금: A little

불고기 맛이 어떻습니까?

답니다. 그리고 조금 짭니다.

의미 Meaning	• 동사나 형용사 뒤에 붙어서 서술하거나 물을 때 사용해요. 예의와 격식을 차려서 말해야 하는 상황에서 사용하는 격식체예요. '(스)ㅂ니다' attaches to the end of a verb or adjective stem to state or ask a question. It's a formal style used in situations that require manners and formality.

[현재 시제]

받침 O	-습니다/-습니까?	맵다:	맵 + -습니다/-습니까? ➡ 맵습니다/맵습니까?
받침 X	-ㅂ니다/-ㅂ니까?	짜다:	짜 + -ㅂ니다/-ㅂ니까? ➡ 짭니다/짭니까?
받침 'ㄹ'	ㄹ 탈락	달다:	다 + -ㅂ니다/-ㅂ니까? ➡ 답니다/답니까?
명사	-입니다/-입니까?	학생:	학생 + -입니다/-입니까? ➡ 학생입니다/학생입니까?

[과거 시제]

ㅏ, ㅗ	-았습니다/-았습니까?	짜다:	짜 + -았습니다 ➡ 짰습니다
ㅏ, ㅗ X	-었습니다/-었습니까?	먹다:	먹 + -었습니다 ➡ 먹었습니다
-하다	-했습니다/-했습니까?	공부하다:	공부 + -했습니다 ➡ 공부했습니다
―	― 탈락	쓰다:	ㅆ + -었습니다 ➡ 썼습니다.
불규칙 'ㄷ'	ㄷ → ㄹ	듣다:	들 + -었습니다 ➡ 들었습니다
불규칙 '르'	르 → ㄹㄹ	부르다:	불러 + -었습니다 ➡ 불렀습니다
불규칙 'ㅂ'	ㅂ → 우	쉽다:	쉬우 + -었습니다 ➡ 쉬웠습니다
명사 받침 O	-이었습니다/-이었습니까?	학생:	학생 + -이었습니다 ➡ 학생이었습니다
명사 받침 X	-였습니다/-였습니까?	기자:	기자 + -였습니다 ➡ 기자였습니다

형태
Form

📝 문법 연습

Q1. 그림을 보고 질문에 대답해 보세요. Look at the picture and answer the questions.

보기

가: 김치찌개 맛이 어떻습니까?

나: <u>맵습니다.</u>

1.

가: 불고기 맛이 어떻습니까?

나: _____

2.

가: 케이크 맛이 어떻습니까?

나: _____

3.

가: 레몬 맛이 어땠습니까?

나: _____

4.

가: 커피 맛이 어땠습니까?

나: _____

5.

가: 어제 뭐 했습니까?

나: _____

6.

정수

가: 정수 씨는 학생입니까?

나: _____

7.

수호

가: 수호 씨는 선생님이었습니까?

나: _____

문법 학습

MP3 52

V/A-고

김치찌개 맛이 어떻습니까?

조금 짜고 맵습니다.

불고기 맛이 어떻습니까?

달고 맛있습니다.

의미 Meaning	① 동사나 형용사 뒤에 붙어서 두 가지 이상의 행동이나 상태, 사실을 나열할 때 사용해요. 시간의 선후행을 나타내지 않아요. '고' attaches to the end of a verb or adjective stem to list two or more actions, states, or facts. ② 동사 뒤에 붙어서 선행절의 행동을 하고 후행절의 행동을 한다는 의미를 나타내요. '고' attaches to the end of a verb stem to indicate that the action in the first clause was performed before the action in the second clause.

형태
Form

①

동사/형용사		+ 고	읽다: 읽 + 고	→ 읽고
			짜다: 짜 + 고	→ 짜고
명사	받침 O	+ 이고	학생: 학생 + 이고	→ 학생이고
	받침 X	+ 고	기자: 기자 + 고	→ 기자고

②

동사	+ 고	보다: 보 + 고	→ 보고

예문 1. 이 국은 **짜고** 매워요.

2. 제 친구는 **기자고** 저는 학생이에요.

3. 어제 저는 책도 **읽고** 영화도 봤어요.

과거, 미래 시제는 후행절에 표시해요.
Tense is only expressed in the second clause, not the first.
- 어제 영화를 <u>보았고</u> 식당에서 저녁을 먹었어요. (X)
  → 어제 영화를 <u>보고</u> 식당에서 저녁을 먹었어요. (O)

📝 문법 연습

Q1. 그림을 보고 문장을 완성해 보세요. Look at the picture and complete the sentences.

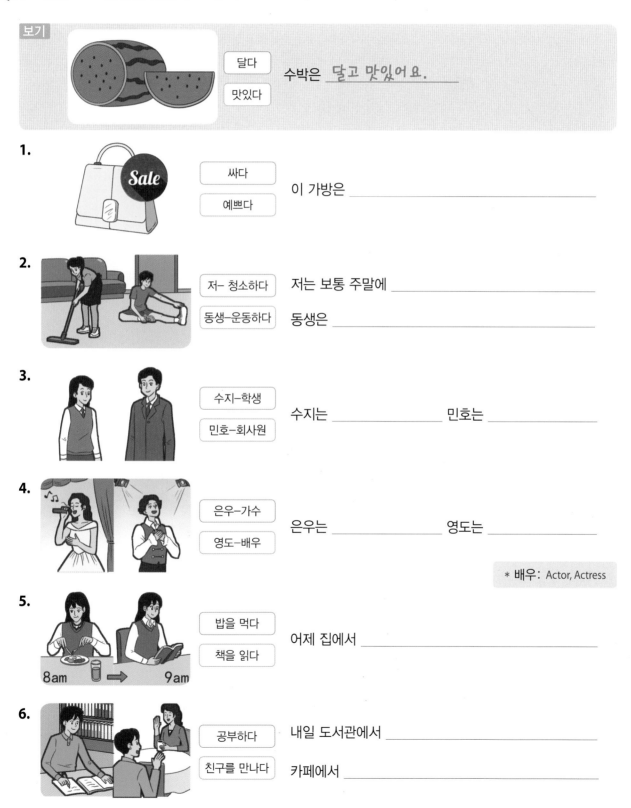

보기

달다
맛있다

수박은 <u>달고 맛있어요.</u>

1.

싸다
예쁘다

이 가방은 _____

2.

저– 청소하다
동생–운동하다

저는 보통 주말에 _____
동생은 _____

3.

수지–학생
민호–회사원

수지는 _____ 민호는 _____

4.

은우–가수
영도–배우

은우는 _____ 영도는 _____

＊ 배우: Actor, Actress

5.

밥을 먹다
책을 읽다

어제 집에서 _____

8am ➡ 9am

6.

공부하다
친구를 만나다

내일 도서관에서 _____
카페에서 _____

📋 문법 학습

V/A-지만

의미 Meaning	· 동사나 형용사 뒤에 붙어서 선행절의 내용과 반대되거나 다른 상황을 후행절에 이어서 말할 때 사용해요. '지만' attaches to the end of a verb or adjective stem to indicate that the second clause contains information that is opposite of or contrary to the first clause.

형태 Form	동사/형용사		+ 지만	읽다: 읽 + 지만 → 읽지만 맵다: 맵 + 지만 → 맵지만
	명사	받침 O	+ 이지만	학생: 학생 + 이지만 → 학생이지만
		받침 X	+ 지만	기자: 기자 + 지만 → 기자지만

예문 1. 한국어 공부를 *열심히 하지만 어렵습니다.
2. 김치찌개가 맵지만 맛있어요.
3. 어제 *피곤했지만 일찍 일어났어요.

* 열심히: Hard, 피곤하다: To be tired

Tip!
반대가 되는 명사 뒤에 조사 '은/는'을 사용해요.
The particles '은/는' is used to express a contrast.
· 피자는 좋아하지만 치킨은 안 좋아해요.

Q1. 친구와 이야기해 보세요. Talk with your partner.

질문	나	친구
1. 한국 *생활이 어때요?		
2. 무슨 *드라마를 봐요? 어때요?		
3. *수업 후에 무엇을 해요?		
4. 무엇을 좋아해요? 무엇을 싫어해요?		

* 생활: Life, 드라마: Drama, 수업 후: After class

📝 문법 연습

Q2. 그림을 보고 문장을 완성해 보세요. Look at the picture and complete the sentences.

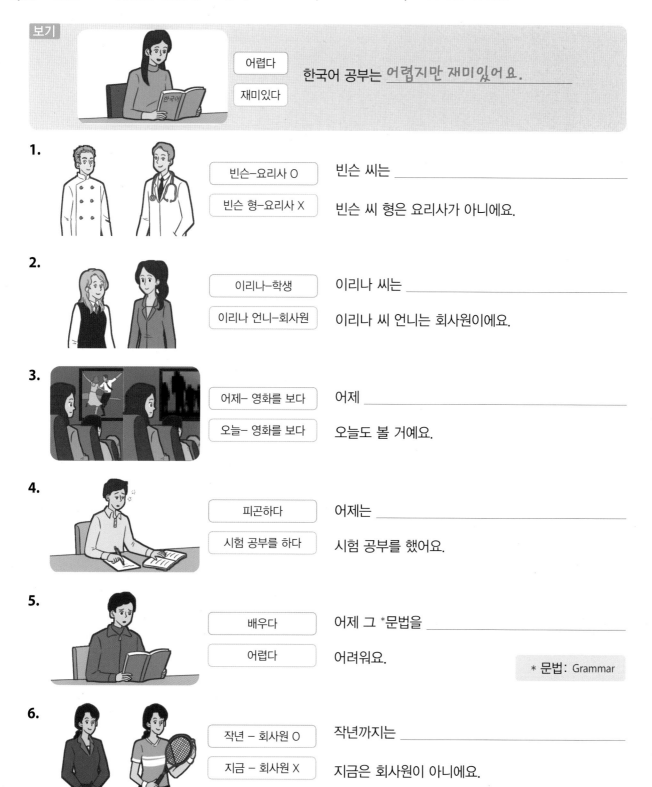

보기

어렵다
재미있다

한국어 공부는 <u>어렵지만 재미있어요.</u>

1.

빈슨–요리사 O

빈슨 형–요리사 X

빈슨 씨는 _____

빈슨 씨 형은 요리사가 아니에요.

2.

이리나–학생

이리나 언니–회사원

이리나 씨는 _____

이리나 씨 언니는 회사원이에요.

3.

어제– 영화를 보다

오늘– 영화를 보다

어제 _____

오늘도 볼 거예요.

4.

피곤하다

시험 공부를 하다

어제는 _____

시험 공부를 했어요.

5.

배우다

어렵다

어제 그 *문법을 _____

어려워요.

* 문법: Grammar

6.

작년 – 회사원 O

지금 – 회사원 X

작년까지는 _____

지금은 회사원이 아니에요.

기자:	저는 지금 서울에서 *유명한 한식집에 있습니다.
	이 식당의 음식이 어떻습니까?
빈슨:	김치찌개가 싸고 맛있습니다.
기자:	맵지 않습니까?
빈슨:	조금 맵지만 *괜찮습니다.
기자:	불고기는 어떻습니까?
빈슨:	달지만 맛있습니다.

> * 유명하다: To be famous, popular, 괜찮다: To be fine

내용 확인

Q1. 대화를 듣고 질문에 대답해 보세요. Listen to the dialogue and answer the questions.

1. 기자가 지금 어디에 있습니까?

2. 빈슨이 무엇을 먹습니까?

3. 김치찌개가 어떻습니까?

4. 불고기가 싱겁습니까?

Q2. 아래 어휘를 사용하여 친구와 대화 연습을 해 보세요.

Practice having a conversation with your partner using the vocabulary below.

김치찌개 **싸다** 맵다 불고기-달다

냉면 *시원하다 시다 라면-맵다

*떡 크다 싱겁다 한국 술-쓰다

* 시원하다: To be cool, 떡: Rice Cake

Q3. 활동 카드(217P)를 사용하여 〈보기〉와 같이 친구와 이야기해 보세요.

Talk with your partner as shown in the example using the activity cards (217P).

방법

1. 활동 카드(217P)를 준비하세요. Prepare the activity cards (217P).

2. 한 사람이 활동 카드 중에서 한 장을 고르세요. One person selects one activity card.

3. 다른 한 사람은 그 카드에 대해서 '–(스)ㅂ니다'를 사용하여 질문하세요.

   The other person asks a question about the card using '–(스)ㅂ니다'.

4. '네', '아니요'로만 대답하세요. Answer only with '네' or '아니요'.

보기

가: 한국 음식입니까?

나: 네, 한국 음식입니다.

가: 맵습니까?

나: 아니요, 맵지 않습니다.

가: 그럼 답니까?

나: 네, 답니다.

가: 그 음식은 불고기입니다.

Q. 음식 맛이 어떻습니까? How does it taste?

듣기 연습 ❶

Q1. 들은 내용과 일치하는 맛에 모두 O 표시해 보세요.

Mark O under the taste that corresponds to what you heard.

1.

달다	짜다	맵다	쓰다	시다

2.

달다	짜다	맵다	쓰다	시다

3.

달다	짜다	맵다	쓰다	시다

4.

달다	짜다	맵다	쓰다	시다

Q2. 잘 듣고 맞으면 O, 틀리면 X 표시해 보세요. Listen carefully, and mark O if correct, and X if incorrect.

1. 기자가 일본 식당에 있습니다.   O   X

2. *손님이 떡국하고 김치찌개를 먹습니다.   O   X

3. 떡국이 조금 짜지만 맛있습니다.   O   X

4. 김치찌개가 맵고 짭니다.   O   X

* 손님 : Customer

듣기 연습 ❸

Q3. 잘 듣고 빈칸을 채워 보세요. Listen carefully and fill in the blanks.

1. 떡국이 _____?

2. _____ 맛있습니다.

3. _____ 맛은 어떻습니까?

4. 조금 _____ 맛있습니다.

어제 혼자 한식집에 갔습니다.
그 한식집은 아주 유명한 *곳입니다.
저는 뜨거운 음식을 안 좋아합니다.
그래서 비빔밥을 *주문하고 *기다렸습니다.
*조금 후에 비빔밥이 *나왔습니다.
비빔밥은 맛있었지만 너무 많았습니다.

저는 식당 *종업원에게 말했습니다.
"비빔밥이 너무 많아요. 이게 *1인분이에요?"
그러니까 그 종업원이 저에게 말했습니다.
"네? 이건 비빔밥 2인분입니다."
그 종업원은 1인분을 2인분으로 들었습니다.
저는 혼자 비빔밥을 다 먹었습니다.
너무 배불렀습니다.

> * 곳: Place, 주문하다: To order, 기다리다: To wait, 조금 후: After a while,
> (음식이) 나오다: To be served, 종업원: Employee, 1인분: One serving

내용 확인

Q1. 글을 읽고 질문에 대답해 보세요. Read the text and answer the questions.

1. 이 사람은 어제 어디에 갔습니까?

2. 이 사람은 어떤 음식을 안 좋아합니까?

3. 이 사람은 무엇을 먹었습니까?

4. 음식은 맛이 어땠습니까?

Q1. 여러분은 어떤 한국 음식을 먹었습니까? '-(스)ㅂ니다'를 사용하여 써 보십시오.
What Korean foods have you tried? Write sentences using -(스)ㅂ니다.

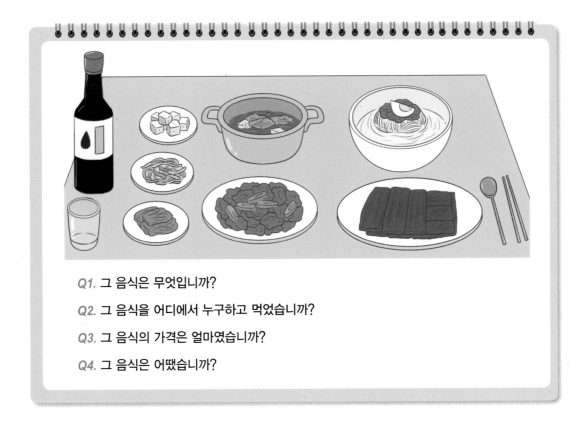

Q1. 그 음식은 무엇입니까?

Q2. 그 음식을 어디에서 누구하고 먹었습니까?

Q3. 그 음식의 가격은 얼마였습니까?

Q4. 그 음식은 어땠습니까?

한국의 음식
Korean Food

한국 사람들은 특별한 날에 무슨 음식을 먹을까요?
What do Koreans eat on special occasions?

떡국

한국에서는 음력 1월 1일 설날에 떡국을 먹어요.
In Korea, people eat Tteokguk on Lunar New Year's Day,
January 1st of the lunar calendar.

송편

한국에서는 음력 8월 15일 추석에 송편을 먹어요.
In Korea, people eat Songpyeon on Chuseok, August 15th
of the lunar calendar.

미역국

한국에서는 생일에 미역국을 먹어요.
In Korea, people eat seaweed soup on their birthdays.

여러분 나라에서는 특별한 날에 무슨 음식을 먹어요?
What do you eat on special occasions in your country?

비음화②

받침소리 [ㄷ] 뒤에 처음 오는 글자가 'ㄴ'이나 'ㅁ'일 때,
받침소리 [ㄷ]을 [ㄴ]으로 발음해요.

When the first letter after the final consonant [ㄷ] is 'ㄴ'or'ㅁ',
pronounce the final consonant [ㄷ] as [ㄴ].

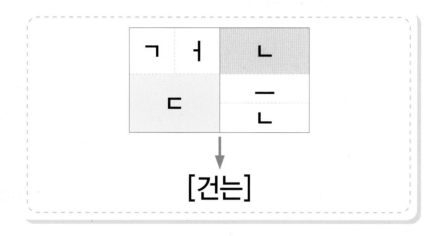

Q1. 밑줄 친 글자의 발음을 잘 들어 보세요.

Listen carefully to the pronunciation of the underlined letter.

콧물	거짓말	첫눈	낱말
[콘물]	[거진말]	[천눈]	[난말]

7과 수업 시간에 휴대폰을 사용하지 마세요.

학습 목표

공공장소에서 지켜야 할 예절을 요청하거나 명령할 수 있다.

어휘	공공장소 예절
문법	V-고 있다 [①진행]
	V-(으)세요
	V-지 마세요
말하기	지금 학교에 가고 있어요.
듣기	휴대폰을 끄세요.
읽기	도서관에서 뛰지 마세요.
쓰기	교실 규칙을 만드세요.

어휘 학습

공공장소 예절 Public Etiquette

미술관
Art museum, Art gallery

박물관
Museum

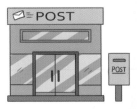

우체국
Post office

헬스클럽
Gym

레스토랑
Restaurant

PC방
Internet Cafe

(교실에서) 뛰다
To run (in the classroom)

(도서관에서) 떠들다
To make noise (in the library)

(그림을) 만지다
To touch (a picture)

(휴대폰을) 사용하다
To use (a cell phone)

담배를 피우다
To smoke

큰 소리로 통화하다
To talk loudly on the phone

📝 어휘 연습

Q1. 그림과 어휘를 연결해 보세요. Match the pictures to the vocabulary words.

보기

1.

2.

3.

4.

5.

6.

7.

8.

a. (교실에서) 뛰다

b. 큰 소리로 통화하다

c. (도서관에서) 떠들다

d. 미술관

e. (그림을) 만지다

f. 박물관

g. (휴대폰을) 사용하다

h. 우체국

i. 담배를 피우다

📝 문법 학습

▶ MP3 61

	V-고 있다

지금 뭐 하고 있어요?

책을 읽고 있어요.

지금 공부하고 있어요?

아니요, 텔레비전을 보고 있어요.

의미 Meaning	• 동사의 어간 뒤에 붙어서 어떤 동작이 진행되고 있음을 나타낼 때 사용해요. '고 있다' attaches to the end of a verb stem to indicate that a certain action is taking place.

[현재 시제]

받침 O	–고 있다	먹다: 먹 + –고 있다 ➡ 먹고 있다
받침 X	–고 있다	보다: 보 + –고 있다 ➡ 보고 있다

[과거 시제]

받침 O	–고 있었다	먹다: 먹 + –고 있었다 ➡ 먹고 있었다
받침 X	–고 있었다	보다: 보 + –고 있었다 ➡ 보고 있었다

형태
Form

예문
1. 저는 지금 컴퓨터를 하고 있어요.
2. 이리나 씨는 영화를 보고 있어요.
3. 가: 아침에 왜 *전화를 안 받았어요?
   나: *미안해요. 자고 있었어요.

> * 전화를 받다: To pick up the phone,
> 미안해요.: I am sorry.

Q1. 문장을 완성해 보세요. Complete the sentences.

1. 내일 시험이 있어요. 그래서 지금 _____.

2. 친구 생일이에요. 그래서 _____.

3. 가: 어제 이리나 씨와 이야기했어요?

   나: 아니요, 이리나 씨가 _____.

📝 문법 연습

Q2. 그림을 보고 질문에 대답해 보세요. Look at the picture and answer the questions.

가: 지금 뭐 해요?

나: 공부하고 있어요.

1.

가: 지금 뭐 하고 있어요?

나: _____

2.

가: 지금 뭐 하고 있어요?

나: _____

3.

가: 어제 저녁 8시에 뭐 하고 있었어요?

나: _____

4.

가: 어제 시장에서 봤어요. 시장에서 뭐 하고 있었어요?

나: _____

문법 학습

MP3 62

V-(으)세요

학교에 일찍 오세요.

네, *죄송합니다.

책 15*페이지를 읽으세요.

네, *알겠습니다.

* 죄송합니다.: I'm sorry.

* 페이지: Page, 알겠습니다: Okay.

의미 Meaning	• 동사 뒤에 붙어서 듣는 사람에게 어떤 일을 할 것을 요청, 지시 혹은 명령할 때 사용해요. '(으)세요' attaches to the end of a verb stem to politely request the listener to do something, or give instructions or orders.

형태 Form	받침 O	–으세요	읽다: 읽 + –으세요	➡ 읽으세요
	받침 X	–세요	오다: 오 + –세요	➡ 오세요
	받침 'ㄹ'	ㄹ 탈락	만들다: 만드 + –세요	➡ 만드세요
	불규칙 'ㄷ'	ㄷ → ㄹ	걷다: 걸 + –으세요	➡ 걸으세요
	불규칙 'ㅂ'	ㅂ → 우	줍다: 주우 + –세요	➡ 주우세요

예문 1. 책을 읽으세요.

2. 여기로 오세요.

3. 케이크를 만드세요.

4. 매일 30분 정도 걸으세요.

5. *쓰레기를 주우세요.

* 쓰레기를 줍다: To pick up trash

몇몇 단어는 이렇게 써요.
Some verbs have special forms though.

• 먹다/마시다 → 드세요.

• 자다 → 주무세요.

• 말하다 → 말씀하세요.

• 있다 → 계세요.

Q1. 질문에 대답해 보세요. Answer the questions.

1. 가: 추워요.　　　나: 그럼 _____.

2. 가: 배고파요.　　　나: 그럼 _____.

3. 가: 다리가 아파요.　나: 그럼 _____.

📝 문법 연습

Q2. 그림을 보고 알맞은 말을 써 보세요. Look at the picture and write the appropriate expressions.

보기

한국어가 어려워요.

한국어 책을 많이 읽으세요.

1.

여기에서 병원까지 어떻게 *빨리 가요?

* 빨리: Quickly

2.

식당 음식이 너무 비싸요.

그래요? 그럼 집에서

3.

어떻게 *살을 빼요?

* 살을 빼다: To lose weight

4.

머리가 아파요.

* 약을 먹다: To take medicine

5.

오늘 너무 피곤해요.

📋 문법 학습

MP3 **63**

V-지 마세요

수업 시간에 떠들지 마세요.

교실에서 뛰지 마세요.

의미 Meaning	• 동사 뒤에 붙어서 듣는 사람에게 어떤 행동을 하지 않도록 요청, 지시, 혹은 명령할 때 사용해요. '지 마세요' attaches to the end of a verb stem to request, persuade, indicate, or order the listener not to do something.

형태 Form			
받침 O	–지 마세요	떠들다: 떠들 + –지 마세요	➡ 떠들지 마세요
받침 X	–지 마세요	뛰다: 뛰 + –지 마세요	➡ 뛰지 마세요

예문
1. 공원에서 담배를 피우지 마세요.
2. *창문을 **열지** 마세요.
3. 그림을 만지지 마세요.
4. 휴대폰을 사용하지 마세요.

* 창문: Window

Q1. 문장을 완성해 보세요. Complete the sentences.

1. 극장에서 _____.

2. 병원에서 _____.

3. 지금부터 잘 거예요. _____.

✍️ 문법 연습

Q2. 그림을 보고 알맞은 말을 써 보세요. Look at the picture and write the appropriate expressions.

보기

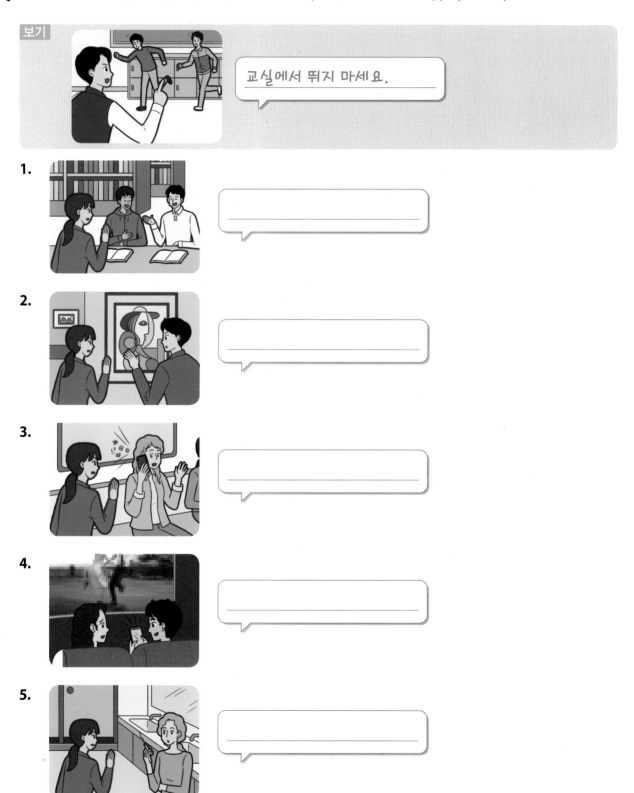

교실에서 뛰지 마세요.

1.

2.

3.

4.

5.

빈슨: *여보세요? 이리나 씨, 지금 어디에 있어요?

이리나: 지금 학교에 가고 있어요.

빈슨: 왜 *아직 안 왔어요?

이리나: 오늘 아침에 늦게 일어났어요. 수업 *시작했어요?

빈슨: 네, *방금 시작했어요. 빨리 오세요.

이리나: 네, 학교까지 5분 걸려요. 조금만 기다리세요.

선생님: 빈슨 씨! 수업 시간에 휴대폰을 사용하지 마세요.

빈슨: 네, 선생님. 죄송합니다.

> * 여보세요?: Hello?, 아직: Yet, 시작하다: To start, 방금: Just (now)

내용 확인

Q1. 대화를 듣고 질문에 대답해 보세요. Listen to the dialogue and answer the questions.

1. 이리나 씨는 지금 뭐 해요?

2. 이리나 씨는 왜 수업에 늦었어요?

3. 빈슨 씨는 왜 *혼났어요?

> * 혼나다: To be scolded

Q2. 아래 어휘를 사용하여 친구와 대화 연습을 해 보세요.

Practice having a conversation with your partner using the vocabulary below.

| 학교에 가다 오다 휴대폰을 사용하다 | 집에서 옷을 입다 *준비하다 떠들다 | *아침 식사하다 먹다 통화하다 |

* 준비하다: To get ready, 아침 식사하다: To have breakfast

Q3. 활동 카드(219P)를 사용하여 친구와 게임을 해 보세요.

Play a game with your partner using the activity cards (219P).

방법

1. 활동 카드(219P)를 준비하세요.
   Prepare the activity cards (219P).

2. '출발' 칸에 각자의 말을 올려놓고 친구와 가위바위보 게임을 하여 이긴만큼 '도착' 방향으로 말을 이동하세요.
   Place each piece on the START space and play rock-paper-scissors with your partner. Move your piece as many spaces you have won toward the FINISH space.

가위	바위	보
2칸	1칸	3칸

3. 이동한 칸에 적힌 내용을 읽고 대답해 보세요. (올바르게 대답하지 못하였을 경우 해당 말이 원래 있던 칸으로 다시 돌아가세요.)
   Read and answer what it says on the space you landed on. If you don't answer correctly, move your piece back to wherever it was.

4. '도착' 칸에 가장 먼저 도착한 사람이 승리!
   The person who reaches the FINISH space first wins.

Q. 여기가 어디예요? 여기에서 어떻게 말해요? Where is this place? What should you say in this situation?

듣기 연습 ❶

 MP3 65

Q1. 잘 듣고 연결해 보세요. Listen carefully and match the following.

1.

a.

2.

b.

3.

c.

MP3 66

Q2. 잘 듣고 맞으면 O, 틀리면 X 표시해 보세요. Listen carefully, and mark O if correct, and X if incorrect.

1. 여자는 지금 영화관에 가고 있어요. O X

2. 남자는 지금 영화관에 있어요. O X

3. 지금 영화가 시작했어요. O X

4. 여자는 휴대폰을 끌 거예요. O X

MP3 67

Q3. 잘 듣고 빈칸을 채워 보세요. Listen carefully and fill in the blanks.

1. 저는 지금 _____.

2. 휴대폰을 _____.

3. 휴대폰을 _____.

4. 빨리 _____.

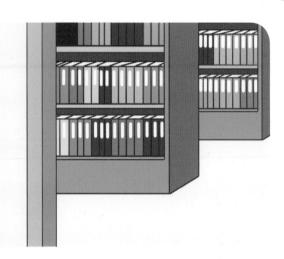

<도서관 안에서>

1. 조용히 하세요.

2. 음식을 먹지 마세요.

3. 큰 소리로 통화하지 마세요.

4. 뛰지 마세요.

주말에 친구하고 시험 공부를 하러 도서관에 갔어요.

도서관에 사람이 정말 많았어요.

제 옆 사람이 큰 소리로 통화했어요.

앞사람은 빵하고 음료수를 먹었어요.

제 뒤에서는 두 사람이 떠들었어요.

그래서 도서관 *복도로 *나갔어요.

복도에서는 *아이들이 뛰고 있었어요.

복도 *벽에 도서관 *규칙이 있었어요.

〈도서관 안에서〉

1. *조용히 하세요.

2. 음식을 먹지 마세요.

3. 큰 소리로 통화하지 마세요.

4. 뛰지 마세요.

* 복도: Corridor, 나가다: To go out, 아이들: Kids,
벽: Wall, 규칙: Rule, 조용히: Quietly

내용 확인

Q1. 그림을 보고 사람들에게 알맞게 요청해 보세요.

Look at the picture and write an appropriate request for the situation.

Q1. '–(으)세요', '–지 마세요'를 사용하여 교실 규칙을 5개 만들어 보세요.
Create five classroom rules using –(으)세요 and –지 마세요.

1. 교실에서 음식을 먹지 마세요.

2.

3.

4.

5.

학습 목표

친구에게 같이 하고 싶은 일을 제안할 수 있다

어휘	여행
	접속사
문법	V-고 싶다
	V-(으)ㄹ까요? [①제안]
말하기	고기를 먹고 싶어요.
듣기	같이 경복궁에 갈까요?
읽기	집에서 불고기를 만들고 싶어요.
쓰기	주말에 친구와 무엇을 하고 싶습니까?
문화 & 발음	한국인들의 모임, 격음화 ①

📖 어휘 학습

여행 Travel

준비하다
To prepare, get ready

찾아보다
To look up

예매하다
To reserve (a ticket)

예약하다
To make a reservation

취소하다
To cancel

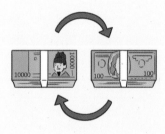

바꾸다
To change

확인하다
To check

짐을 싸다
To pack

구경하다
To look around

Q1. 그림과 어휘를 연결해 보세요. Match the pictures to the vocabulary words.

보기

- a. 준비하다

1.
- b. 바꾸다

2.
- c. 찾아보다

3.
- d. 확인하다

4.
- e. 예매하다

5.
- f. 짐을 싸다

6.
- g. 예약하다

7.
- h. 구경하다

8.
- i. 취소하다

📖 어휘 학습

MP3 70

접속사 Conjunction

뭐 좋아해요?

운동을 좋아해요. 그리고 등산도 좋아해요.

그리고
And

두 사람은 일본 사람이에요?

유코는 일본 사람이에요. **하지만** 준호는 한국 사람이에요.

하지만
However

어디 아파요?

어제 술을 마셨어요. **그래서** 머리가 아파요.

그래서
So

이 영화 어때요?

이 영화는 재미없어요. **그러니까** 다른 영화를 보세요.

그러니까
Therefore

배고파요.

그러면 이 빵 좀 드세요.

그러면
Then

언니하고 오빠가 키가 커요?

언니는 키가 커요. **그런데** 오빠는 키가 작아요.

그런데
However

점심 안 먹었어요?

방금 먹었어요. **그래도** 배고파요.

그래도
But (still)

📝 어휘 연습

Q1. 정답에 O 표시해 보세요. Mark O on the correct answers.

가: 뭐 먹을까요?

나: 우리 피자 먹어요. (그리고)/그래서 치킨도 먹어요!

1.

가: 왜 지난 주말에 회사에 갔어요?

나: 일이 많았어요. 그렇지만/그래서 회사에 갔어요.

2.

가: 식당까지 차로 갈 거예요.

나: 식당은 가까워요. 그러니까/그래도 걸어서 가세요.

3.

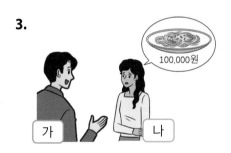

100,000원

가: 그 식당 음식이 어때요?

나: 정말 비싸요. 그러면/하지만 맛이 없어요.

4.

가: 한국어가 쉬워요?

나: 저는 매일 한국어를 공부해요. 그리고/그래도 한국어가 어려워요.

📋 문법 학습

🔊 MP3 71

V-고 싶다

의미 Meaning	• 동사의 어간 뒤에 붙어서 원하거나 바라는 일을 나타내요. '고 싶다' attaches to the end of a verb stem to express the speaker's wish or hope.

형태 Form				
받침 O	-고 싶다	먹다:	먹 + 고 싶다	➡ 먹고 싶다
받침 X	-고 싶다	보다:	보 + 고 싶다	➡ 보고 싶다

예문
1. 불고기를 먹고 싶어요.
2. 재미있는 영화를 보고 싶어요.
3. 어제 한국 음식을 만들고 싶었어요.

Tip!
다른 사람은 'V-고 싶어 하다'를 사용해요.
'고 싶어 하다' is used when the subject of a sentence is a third person.
• 저는 가방을 사고 싶어요. 유코 씨도 가방을 사고 싶어 해요.

Q1. 친구와 이야기해 보세요. Talk with your partner.

질문	나	친구
1. 누구를 제일 만나고 싶어요?		
2. 무슨 *선물을 받고 싶어요?		
3. 지금 무엇을 하고 싶어요?		
4. 시간이 많아요. 그럼 뭐 하고 싶어요?		
5. _____?		

* 선물: Gift

📝 문법 연습

Q2. 그림을 보고 문장을 완성해 보세요. Look at the picture and complete the sentences.

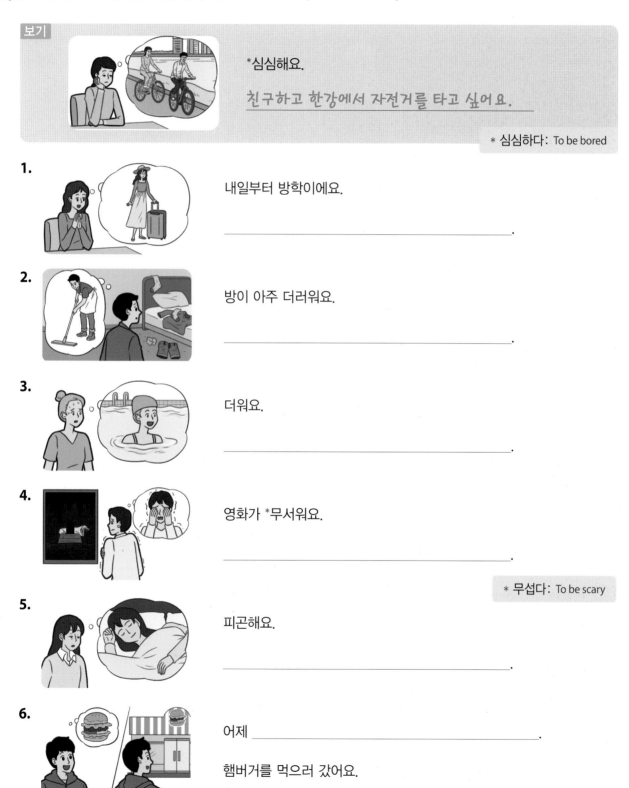

보기

*심심해요.

친구하고 한강에서 자전거를 타고 싶어요.

* 심심하다 : To be bored

1.
내일부터 방학이에요.

_____.

2.
방이 아주 더러워요.

_____.

3.
더워요.

_____.

4.
영화가 *무서워요.

_____.

* 무섭다 : To be scary

5.
피곤해요.

_____.

6.
어제 _____.

햄버거를 먹으러 갔어요.

📋 문법 학습

V-(으)ㄹ까요?

주말에 놀이공원에 갈까요?

네, 좋아요.

저녁에 불고기를 같이 먹을까요?

네, 불고기 먹어요.

의미 Meaning	• 동사의 어간 뒤에 붙어서 말하는 사람이 듣는 사람에게 어떤 것을 같이 할 것을 제안하거나 의향을 물을 때 사용해요. '(으)ㄹ까요?' attaches to the end of a verb stem when the speaker wants to suggest doing something together with the listener or ask for the listener's opinion.			
형태 Form	받침 O	−을까요?	먹다:	먹 + −을까요?	➜ 먹을까요?

받침 O	−을까요?	먹다:	먹 + −을까요?	➜ 먹을까요?
받침 X	−ㄹ까요?	가다:	가 + −ㄹ까요?	➜ 갈까요?
받침 'ㄹ'	−까요?	만들다:	만들 + −까요?	➜ 만들까요?
불규칙 'ㄷ'	ㄷ → ㄹ	걷다:	걸 + −을까요?	➜ 걸을까요?
불규칙 'ㅂ'	ㅂ → 우	줍다:	주우 + −ㄹ까요?	➜ 주울까요?

예문 1. 내일 저녁을 같이 **먹을까요?**

2. 토요일에 공원에 **갈까요?**

3. 가: 이번 주말에 같이 케이크를 **만들까요?**

　나: 네, 좋아요. 같이 만들어요.

4. 가: 우리 좀 **걸을까요?**

　나: 미안하지만 지금 바빠요.

Q1. 대화를 완성해 보세요. Complete the dialogue.

가: 내일 같이 _____

나: 미안해요. 저는 그거 안 좋아해요.

가: 그럼 _____

나: 좋아요. 같이 _____

가: 내일 만나요!

📝 문법 연습

Q2. 그림을 보고 질문해 보세요. Look at the picture and ask a question.

보기

가: <u>공원에 갈까요?</u>

나: 좋아요. 같이 가요.

1.

가: _____?

나: 미안해요. 지금 바빠요.

2.

가: _____?

나: 네, 저도 햄버거를 먹고 싶어요.

3.

가: _____?

나: 좋아요. 같이 집을 청소해요.

4.

가: _____?

나: 네, 언제 김치를 만들 거예요?

5.

가: _____?

나: 좋아요. 무슨 노래예요?

말하기

이리나: 빈슨 씨, 내일 같이 저녁 먹을까요?

빈슨: 좋아요. 피자 어때요?

이리나: 피자도 좋지만 저는 고기를 더 먹고 싶어요.

빈슨: 그래요? 그럼 고기 먹을까요?

이리나: 좋아요. 강남에 유명한 식당이 있어요.

빈슨: 그럼 몇 시에 어디에서 만날까요?

이리나: 저녁 7시에 강남역 1번 *출구에서 만나요. 역에서 식당까지 같이 가요!

빈슨: 네, 좋아요. 그럼 내일 만나요!

> * 출구: Exit

내용 확인

Q1. 대화를 듣고 질문에 대답해 보세요. Listen to the dialogue and answer the questions.

1. 이리나 씨는 왜 빈슨 씨에게 전화했어요?

2. 두 사람은 몇 시에 만날 거예요?

3. 두 사람은 어디에서 무엇을 먹을 거예요? 왜요?

Q2. 아래 어휘를 사용하여 친구와 대화 연습을 해 보세요.
Practice having a conversation with your partner using the vocabulary below.

저녁 – 먹다 **피자** 고기 – 먹다 강남 – 식당 강남역 1번 출구	영화 – 보다 ***공포 영화** *코미디 영화 – 보다 회사 근처 – 영화관 회사 앞	운동 – 하다 **산책** 배드민턴–치다 한강 근처 – *배드민턴장 여의나루역 2번 출구

* 공포: Horror, 코미디: Comedy, 배드민턴장: Badminton court

Q3. 활동 카드(221P)를 사용하여 〈보기〉와 같이 친구와 이야기해 보세요.
Talk with your partner as shown in the example using the activity cards (221P).

방법

1. 활동 카드(221P)를 준비하세요. 그리고 '요일', '동사', '시간'에서 각 한 장씩 총 세 장을 뽑으세요.
   Prepare the activity cards (221P). Draw a total of three cards, one each from "day of the week", "verb", and "time".

2. 한 사람은 빈슨, 다른 한 사람은 유코가 되어서 〈보기〉와 같이 대화를 만드세요.
   One person plays Vinson and the other person plays Yuko, and have a conversation as shown in the example.

3. 교실 앞에 나와서 발표하세요.
   Come up to the front of the class and present it.

보기

요일	동사	시간
주말	공부하다 X 책을 읽다 O	오후 1시

빈슨: 유코 씨, 언제 시간이 있어요?
유코: 저는 주말에 시간이 있어요.
빈슨: 그럼 주말에 같이 공부할까요?
유코: 미안해요.
　　　저는 공부하고 싶지 않아요.

빈슨: 그래요? 그러면 책을 읽을까요?
유코: 좋아요. 도서관에서 만나요.
　　　몇 시에 만날까요?
빈슨: 오후 1시 어때요?
유코: 네, 좋아요. 1시에 만나요!

Q. 주말에 친구하고 뭐 하고 싶어요? What do you want to do with your friends on the weekend?

듣기 연습 ❶

Q1. 잘 듣고 빈칸을 채워 보세요. Listen carefully and fill in the blanks.

1.

어디에 가요?	
언제 가요?	
뭐 하고 싶어요?	

2.

어디에 가요?	
언제 가요?	
뭐 하고 싶어요?	

3.

어디에 가요?	
언제 가요?	
뭐 하고 싶어요?	

Q2. 잘 듣고 맞으면 O, 틀리면 X 표시해 보세요. Listen carefully, and mark O if correct, and X if incorrect.

1. 토요일에 경복궁에서 *한복 *축제가 있어요.　　　　O　　X

2. 여자는 한복을 좋아해요.　　　　　　　　　　　　　O　　X

3. 여자와 남자는 한복을 살 거예요.　　　　　　　　　O　　X

4. 남자는 고기를 안 좋아해요.　　　　　　　　　　　O　　X

> * 한복: Hanbok, Traditional Korean clothes, 축제: Festival

Q3. 잘 듣고 빈칸을 채워 보세요. Listen carefully and fill in the blanks.

1. 같이 경복궁에 _____?

2. 저도 예쁜 한복을 _____.

3. 저녁도 _____?

4. 그럼 _____.

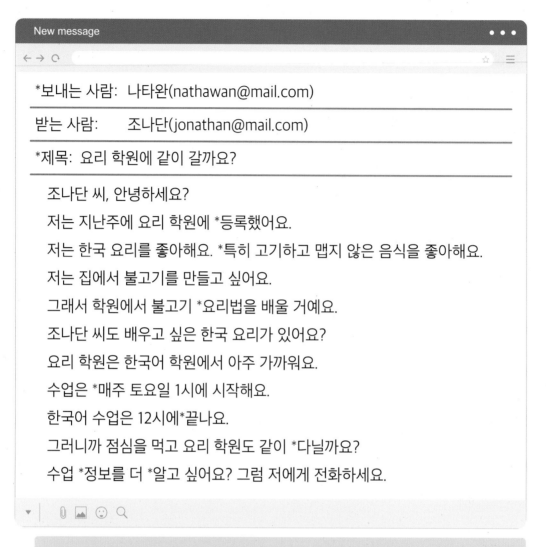

New message

*보내는 사람: 나타완(nathawan@mail.com)

받는 사람: 조나단(jonathan@mail.com)

*제목: 요리 학원에 같이 갈까요?

조나단 씨, 안녕하세요?

저는 지난주에 요리 학원에 *등록했어요.

저는 한국 요리를 좋아해요. *특히 고기하고 맵지 않은 음식을 좋아해요.

저는 집에서 불고기를 만들고 싶어요.

그래서 학원에서 불고기 *요리법을 배울 거예요.

조나단 씨도 배우고 싶은 한국 요리가 있어요?

요리 학원은 한국어 학원에서 아주 가까워요.

수업은 *매주 토요일 1시에 시작해요.

한국어 수업은 12시에 *끝나요.

그러니까 점심을 먹고 요리 학원도 같이 *다닐까요?

수업 *정보를 더 *알고 싶어요? 그럼 저에게 전화하세요.

---

* 보내다: To send, 제목: Title, 등록하다: To register, 특히: Especially, 요리법: Recipe, 매주: Every week, 끝나다: To finish, 다니다: To attend, 정보: Information, 알다: To know

내용 확인

Q1. 글을 읽고 질문에 대답해 보세요. Read the text and answer the questions.

1. 누가 이메일을 썼어요?

2. 나타완 씨는 왜 요리 학원에 등록했어요?

3. 나타완 씨는 무슨 음식을 만들고 싶어 해요?

Q1. 주말에 친구와 뭐 하고 싶어요? 친구에게 이메일을 써 보세요.

What do you want to do with your friends on the weekend? Write an e-mail to your friend.

보내는 사람:

받는 사람:

제목:

보내기

문화

한국인들의 모임
Korean Gatherings

한국에는 어떤 모임들이 있을까요?
What types of gatherings are held in Korea?

결혼식
Wedding

졸업식
Graduation

돌잔치
First-birthday party

집들이
Housewarming party

동호회
Club

종교 모임
Religious gathering

여러분 나라에는 어떤 모임들이 있어요?
What types of gatherings are held in your country?

격음화①

받침소리 [ㄷ]의 앞뒤에 오는 글자가 'ㅎ'이면,
[ㄷ]과 [ㅎ] 소리가 합쳐져 [ㅌ]으로 발음해요.

If the letter before and after the final consonant sound [ㄷ] is 'ㅎ',
the sounds [ㄷ] and [ㅎ] are combined and pronounced as [ㅌ].

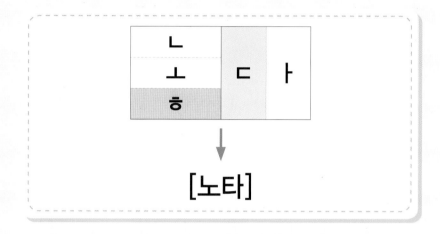

[노타]

ㅎ ＋ ㄷ

[ㅌ]

Q1. 밑줄 친 글자의 발음을 잘 들어 보세요.
Listen carefully to the pronunciation of the underlined letter.

 MP3 78

맏<u>형</u>	옷 <u>한</u> 벌	깨끗<u>해</u>요	넣<u>다</u>
[마텽]	[오탄벌]	[깨끄태요]	[너타]

9과 할머니께서 연세가 어떻게 되세요?

학습 목표

높임말을 사용해 가족을 소개할 수 있다.

어휘	높임말
문법	V/A–(으)시다
	V/A–(으)셨다
말하기	할머니께서는 건강하세요?
듣기	할아버지께서는 회를 안 드셨어요.
읽기	아버지는 요리사세요.
쓰기	여러분의 부모님은 어떤 분이세요?

📖 어휘 학습

 MP3 79

높임말 Honorific

있다 → 계시다	없다 → 안 계시다
To be (in a place)	To be not (in a place)

말하다 → 말씀하시다
To speak

아프다 → 편찮으시다
To be sick

죽다 → 돌아가시다
To die

먹다, 마시다 → 드시다
To drink

먹다 → 잡수시다
To eat

자다 → 주무시다
To sleep

이름 → 성함
Name

생일 → 생신
Birthday

나이 → 연세
Age

밥 → 진지
Meal

집 → 댁
Home

사람, N 명 → 분
Counting unit for a person

📝 어휘 연습

Q1. 그림과 어휘를 연결해 보세요. Match the pictures to the vocabulary words.

보기

- a. 계시다

1.

김한국

- b. 성함

2.

- c. 돌아가시다

3.

- d. 생신

4.

- e. 말씀하시다

5.

- f. 연세

6.

83세

- g. 드시다

7.

- h. 진지

8.

- i. 주무시다

문법 학습

V/A-(으)시다

어머니께서 지금 뭐 하세요?

책을 읽으세요.

아버지께서 지금 뭐 하세요?

영화를 보세요.

의미 Meaning	• 동사, 형용사의 어간 뒤에 붙어서 문장의 주어가 하는 행동이나 상태를 높여서 말할 때 사용해요. '(으)시다' attaches to the end of a verb or adjective stem to speak more respectfully about the subject's actions or state in a sentence.

받침 O	-으시다	읽다: 읽 + -으시다	→ 읽으시다
받침 X	-시다	보다: 보 + -시다	→ 보시다
받침 'ㄹ'	ㄹ 탈락	만들다: 만드 + -시다	→ 만드시다
불규칙 'ㄷ'	ㄷ → ㄹ	듣다: 들 + -으시다	→ 들으시다
불규칙 'ㅂ'	ㅂ → 우	줍다: 주우 + -시다	→ 주우시다

예문
1. 아버지께서 전화를 받으세요.
2. 할아버지께서 *뉴스를 보세요.
3. 어머니께서 김치를 만드세요.
4. 선생님께서는 음악을 들으세요.

* 뉴스: News

형태
Form

① '이/가' → '께서', '은/는' → '께서는'
- 동생이 보통 몇 시에 자요?
- 할아버지께서 보통 몇 시에 주무세요?

② N(이)세요

받침 O	+ 이세요	선생님: 선생님 + 이세요	→ 선생님이세요
받침 X	+ 세요	의사: 의사 + -세요	→ 의사세요

③ 'N이/가 뭐예요?' → 'N이/가 어떻게 되세요?'
- 이름이 뭐예요?
  → 할아버지, 성함이 어떻게 되세요?

📝 문법 연습

Q1. 아래 문장들을 높임말로 바꿔 써 보세요. Change the following sentences to honorific speech.

> **보기**
>
> 어머니가 매일 책을 읽어요. ➡ <u>어머니께서 매일 책을 읽으세요.</u>

1. 어머니가 영화를 좋아해요. ➡ _____

2. 아버지가 한국에 살아요. ➡ _____

3. 할아버지가 매일 공원을 걸어요. ➡ _____

4. 할머니가 병원에서 일해요. ➡ _____

5. 어머니는 보통 주말에 집에서 쉬어요. ➡ _____

6. 아버지는 보통 점심에 피자를 먹어요. ➡ _____

7. 할머니는 커피를 안 마셔요. ➡ _____

8. 할아버지가 밤 늦게 자요. ➡ _____

9. 어머니는 의사예요. ➡ _____

10. 아버지가 선생님이에요. ➡ _____

📋 문법 학습

V/A-(으)셨다

어제 아버지께서 뭐 하셨어요?

운동하셨어요.

지난 주말에 어머니께서 뭐 하셨어요?

책을 읽으셨어요.

의미 Meaning	• 동사, 형용사의 어간 뒤에 붙어서 과거에 문장의 주어가 했던 행동이나 상태를 높여서 말할 때 사용해요. '(으)셨다' attaches to the end of a verb or adjective stem to speak more respectfully about the subject's past actions or state.

형태 Form	받침 O	-으셨다	읽다: 읽 + -으셨다	➡ 읽으셨다
	받침 X	-셨다	보다: 보 + -셨다	➡ 보셨다
	받침 'ㄹ'	ㄹ 탈락	만들다: 만드 + -셨다	➡ 만드셨다
	불규칙 'ㄷ'	ㄷ → ㄹ	걷다: 걸 + -으셨다	➡ 걸으셨다
	불규칙 'ㅂ'	ㅂ → 우	줍다: 주우 + -셨다	➡ 주우셨다

예문 1. 어제 어머니께서 *꽃을 받으셨어요.
2. 지난주에 할머니께서 영화를 보셨어요.
3. 부모님은 오늘 많이 걸으셨어요.

* 꽃: Flower

Tip!
미래 시제는 'V/A-(으)실 거예요'를 사용해요.
'(으)실 거예요' is used for the future tense.
• 내일 할머니께서 오실 거예요.
• 어머니는 이 옷을 입으실 거예요.

Q1. 문장을 완성해 보세요. Complete the sentences.

1. 어머니는 매일 _____

2. 아버지는 작년에 _____

3. 어머니는 지난주에 _____

4. 부모님은 다음 달에 _____

📝 문법 연습

Q2. 아래 문장들을 높임말로 바꿔 써 보세요. Change the following sentences to honorific speech.

> 보기
>
> 어제 어머니가 책을 읽었어요.
>
> ➡ 어제 어머니께서 책을 읽으셨어요.

1. 어제 어머니가 영화를 봤어요.

➡ _____

2. 작년까지 아버지는 한국에 살았어요.

➡ _____

3. 어제 할머니는 병원에서 일했어요.

➡ _____

4. 어제 할아버지는 커피를 안 마셨어요.

➡ _____

5. 어제 어머니가 늦게 잤어요.

➡ _____

6. 내일 아버지는 집에서 쉴 거예요.

➡ _____

7. 내일 할머니는 점심에 피자를 먹을 거예요.

➡ _____

MP3 82

빈슨: 이리나 씨, 지난 주말에 뭐 했어요?

이리나: 지난주 토요일이 할머니 생신이었어요. 그래서 부모님하고 할머니 댁에 갔어요.

빈슨: 할머니께서 연세가 어떻게 되세요?

이리나: 올해 여든셋이세요.

빈슨: 할머니께서는 *건강하세요?

이리나: 네, 할머니께서는 매일 아침 공원에서 운동하세요. 그리고 과일도 많이 드세요.

* 건강하다: To be healthy

내용 확인

Q1. 대화를 듣고 질문에 대답해 보세요. Listen to the dialogue and answer the questions.

1. 이리나 씨는 지난주 토요일에 뭐 했어요?

2. 이리나 씨 할머니께서는 연세가 어떻게 되세요?

3. 이리나 씨 할머니께서는 매일 아침에 뭐 하세요?

Q2. 아래 어휘를 사용하여 친구와 대화 연습을 해 보세요.

Practice having a conversation with your partner using the vocabulary below.

83	75	90
건강하다	잘 있다	밤에 잘 자다
매일 아침 공원에서 운동하다	밥을 잘 먹다	저녁에 일찍 자다
과일도 많이 먹다	친구도 자주 만나다	아침에 일찍 일어나다

Q3. 높임말을 사용하여 친구와 이야기해 보세요. 그리고 표를 완성하세요.

Talk with your partner using honorifics. And complete the table.

마르코(87세/ 4월 27일)

어제

내일

할아버지			
성함		취미	
연세		어제 뭐 하셨어요?	
생신		내일 뭐 하실 거예요?	

최수향(71세/ 11월 21일)

어제

내일

할머니			
성함		취미	
연세		어제 뭐 하셨어요?	
생신		내일 뭐 하실 거예요?	

Q. 이 분들은 누구세요? 어떤 분이세요? Who are they? What do they do?

듣기 연습 ❶

Q1. 잘 듣고 빈칸을 채워 보세요. Listen carefully and fill in the blanks.

이름: 김민철	이름: 박수지	이름: 김성일
나이: _____	나이: _____	나이: _____
직업: _____	직업: _____	직업: _____
생일: _____	생일: _____	생일: _____
취미: _____	취미: _____	취미: _____

Q2. 잘 듣고 맞으면 O, 틀리면 X 표시해 보세요. Listen carefully, and mark O if correct, and X if incorrect.

1. 여자는 지난 휴가에 할아버지를 만났어요.　　　O　　X

2. 여자의 할아버지께서는 부산에 사세요.　　　　O　　X

3. 여자의 할아버지께서는 *회를 잘 드세요.　　　O　　X

4. 여자의 할아버지께서는 고기를 싫어하세요.　　O　　X

　　　　　　　　　　　　　　　　　　　　　　　　* 회: Raw fish

Q3. 잘 듣고 빈칸을 채워 보세요. Listen carefully and fill in the blanks.

1. _____ 에 갔어요.

2. _____ 회를 드셨어요?

3. 저희 할아버지께서는 회를 _____.

4. 불고기를 _____.

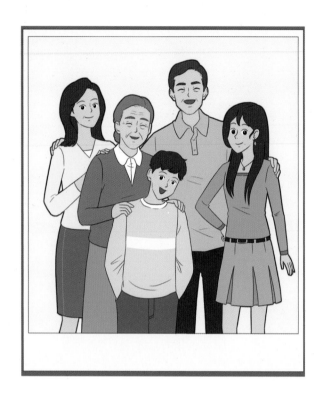

우리 가족 사진이에요.

이분은 할머니시고 할머니 옆에는 아버지,

어머니, 저 그리고 동생이에요.

할아버지는 작년에 돌아가셨어요.

할머니는 올해 아흔이시지만 아주 건강하세요.

아버지는 요리사세요.

주말에는 집에서 맛있는 음식을 만드세요.

어머니는 선생님이세요.

평일에는 매일 학교에서 학생들을 가르치세요.

저는 *대학생이에요.

*나중에 의사가 *되고 싶어요.

제 동생은 열다섯 살이고 한국 노래를 좋아해요.

그래서 동생도 한국어를 배우고 싶어 해요.

이번 방학에 저는 가족을 보러 고향에 갈 거예요.

* 대학생: University student, 나중에: Later, 되다: To become

내용 확인

Q1. 글을 읽고 질문에 대답해 보세요. Read the text and answer the questions.

1. 할머니 연세가 어떻게 되세요?

2. 아버지는 주말에 뭐 하세요?

3. 이 사람은 나중에 무엇이 되고 싶어 해요?

4. 제 동생은 왜 한국어를 배우고 싶어 해요?

Q1. 여러분의 부모님은 어떤 분이세요? 소개해 보세요.
What are your parents like? Introduce your parents.

Q1. 연세가 어떻게 되세요?

Q2. 무슨 일을 하세요?

Q3. 무엇을 좋아하세요?

Q4. 주말에 무엇을 하세요?

Q5. 무슨 음식을 자주 드세요?

10과 이 책 좀 찾아 주세요.

도서관 이용 방법에 대해 설명할 수 있다.

어휘	도서관
	시간 부사
문법	N한테(서)/에게(서)
	V-아/어 주세요
	V/A-아/어야 되다
	V-(으)려고 하다
말하기	책을 빌리려고 해요.
듣기	오늘까지 돌려줘야 돼요.
읽기	도서관 직원에게 사진과 신청서를 주세요.
쓰기	친구에게 부탁하는 문자 메시지를 쓰세요.
문화 & 발음	한국의 공공 예절, 격음화 ②

어휘 학습

도서관 Library

빌리다
To borrow

돌려주다
To return

검색하다
To search

찾다
To find

꺼내다
To take out

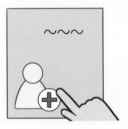

등록하다
To register

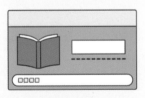

회원증
Membership card

신분증
ID card

신청서
Application form

소설
Novel

잡지
Magazine

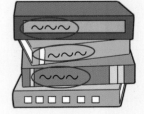

제목
Title

어휘 연습

Q1. 그림과 어휘를 연결해 보세요. Match the pictures to the vocabulary words.

보기

•·····································• **a.** 빌리다

1. • • **b.** 찾다

2. • • **c.** 돌려주다

3. • • **d.** 잡지

4. • • **e.** 꺼내다

5. • • **f.** 신청서

6. • • **g.** 검색하다

7. • • **h.** 제목

8. • • **i.** 회원증

어휘 학습

도서관에서 같이 숙제할까요?

저는 **이미** 숙제를 다 했어요.

저녁을 많이 먹었어요. 배불러요.

지금 4시예요. 저녁을 **벌써** 먹었어요?

이미
Already (previously)

벌써
Already (so soon)

밥 먹었어요?

아니요, **아직** 안 먹었어요.

언제 와요?

곧 도착할 거예요. 조금만 기다리세요.

아직
(Not) Yet, Still

곧
Soon

밥 먹을까요?

아니요, **방금** 먹었어요.

이제 그 식당에 안 갈 거예요.

왜요? 음식이 맛이 없어요?

방금
A moment ago

이제
(From) Now

같이 점심 먹을까요?

저는 일이 많아요. **먼저** 드세요.

빈슨 씨 봤어요?

아까 도서관에서 봤어요.

먼저
First

아까
A while ago

이번 주말에 영화 볼까요?

요즘 바빠요. **나중에** 봐요.

오늘 영화 보러 갈 거예요?

네, **이따가** 갈 거예요.

나중에
Later

이따가
In a little while

📝 어휘 연습

Q1. 정답에 O 표시해 보세요. Mark O on the correct answers.

가: 저는 지금 영화관 앞에 있어요. 어디에 있어요?

나: 이따가/(벌써) 도착했어요? 저는 이제 출발해요!

1.

가: 숙제 *다 했어요?

나: 아니요, 아직/곧 하고 있어요.

* 다: All

2.

가: *목이 많이 아파요.

나: 지금/이제 담배를 피우지 마세요.

* 목: Throat

3.

가: 점심 먹으러 갈까요?

나: 먼저/아까 가세요. 저는 일이 많아요.

4.

가: 오늘 수지 씨 생일 파티에 와요?

나: 네, 갈 거예요. 이따가/나중에 만나요!

📋 문법 학습

MP3 89

N한테(서)/에게(서)

도서관 회원증을 만들고 싶어요.

저한테 신청서하고 사진을 주세요.

신청서가 어디에 있어요?

저 직원한테서 받으세요.

의미 Meaning	• 명사 뒤에 붙어서 행위의 영향을 받거나 주는 대상을 가리킬 때 사용해요. '한테(서)' and '에게(서)' attaches to the end of a noun to indicate the subject that receives or performs the action.

		To	From
받침 O	+한테, 에게	동생: 동생 + 한테, 에게	동생 + 한테(서), 에게(서)
받침 X		친구: 친구 + 한테, 에게	친구 + 한테(서), 에게(서)
높임말	+께	할머니: 할머니 + 께	할머니 + 께

예문
1. 동생한테 선물을 줬어요. / 동생한테(서) 선물을 받았어요.
2. 친구에게 전화했어요. / 친구에게(서) 전화가 왔어요.
3. 할머니께 가방을 드렸어요. / 할머니께 가방을 받았어요.

형태
Form

Tip!

① '한테', '에게'는 일부 동사하고만 사용해요.
Only a few verbs can come after '한테', '에게'.

한테, 에게	동사
To	주다, 말하다, 쓰다, 보내다, 가르치다, 전화하다, 묻다, *팔다
From	받다, 배우다, 전화가 오다

② 장소 N + '에/에서'
* 팔다: To sell

• 회사에 전화했어요.

• 회사에서 전화가 왔어요.

③ 주다

• (윗사람 → 아랫사람): 주시다
  예) 할아버지께서 저에게 선물을 주셨어요.

• (아랫사람 → 윗사람): 드리다
  예) 제가 할아버지께 선물을 드렸어요.

📝 문법 연습

Q1. 그림을 보고 문장을 완성해 보세요. Look at the picture and complete the sentences.

보기

언니가 저 __한테__ 가방을 줬어요.

언니 / 나

1.

누나 / 동생

동생_____ 한국어를 가르쳤어요.

2.

오빠_____ 전화가 왔어요.

3.

To. 할아버지

할아버지_____ 편지를 썼어요.

4.

병원_____ 전화했어요.

5.

Mail

From XX회사

회사_____ 이메일을 받았어요.

문법 학습

MP3 90

V-아/어 주세요

이 책 좀 찾아 주세요.

네, *잠깐 기다려 주세요.

도서관 회원증을 만들고 싶어요.

신청서를 써 주세요.

* 잠깐: For a while

의미 Meaning	• 동사의 어간 뒤에 붙어서 다른 사람에게 어떤 행동을 해 줄 것을 요청할 때 사용해요. '아/어 주세요' attaches to the end of a verb stem to ask someone to do something.

ㅏ, ㅗ	-아 주세요	앉다:	앉 + -아 주세요	→ 앉아 주세요
ㅏ, ㅗ X	-어 주세요	읽다:	읽 + -어 주세요	→ 읽어 주세요
하다	해 주세요	청소하다:	청소 + -해 주세요	→ 청소해 주세요
ㅡ	ㅡ 탈락	쓰다:	ㅆ + -어 주세요	→ 써 주세요
불규칙 'ㄷ'	ㄷ → ㄹ	듣다:	들 + -어 주세요	→ 들어 주세요
불규칙 '르'	르 → ㄹ르	부르다:	불러 + -어 주세요	→ 불러 주세요
불규칙 'ㅂ'	ㅂ → 우	줍다:	주우 + -어 주세요	→ 주워 주세요

형태
Form

예문
1. 여기 좀 앉아 주세요.
2. 창문을 열어 주세요.
3. 이 방 좀 청소해 주세요.
4. 이름을 써 주세요.

Tip!
좀 V-아/어 주세요: '좀'이 있어요. 그럼 더 부드러워요.
'좀' is placed before '아/어 주세요' to soften the tone of a request or suggestion.
• 여기 좀 앉아 주세요..

Q1. 무엇을 부탁하고 싶어요? 써 보세요. What would you like to ask for? Write it down.

1. 친구에게 _____

2. 선생님께 _____

3. 아버지/어머니께 _____

📝 문법 연습

Q2. 그림을 보고 문장을 완성해 보세요. Look at the picture and complete the sentences.

가: 점심에 피자 <u>사 주세요</u>.

나: 좋아요. 어디에 갈까요?

1.

가: 여보세요?

나: 지금 바빠요. 이따가 _____.

2.

가: 도서관 회원증을 만들고 싶어요.

나: 먼저 신청서를 _____.

3.

가: 제 연필 좀 _____.

나: 네, 알겠어요.

4.

가: 이 책 좀 _____.

나: 저기에 있어요.

문법 3

문법 학습

🔊 MP3 **91**

V/A-아/어야 되다

의미 Meaning	• 동사나 형용사의 어간 뒤에 붙어서 어떤 행위를 꼭 하거나 어떤 상태가 되어야 함을 나타내요. '아/어야 되다' attaches to the end of a verb or adjective stem to indicate that a certain action or condition must be met.

형태 Form					
ㅏ, ㅗ	−아야 되다	찾다:	찾 + −아야 되다	➡	찾아야 되다
ㅏ, ㅗ X	−어야 되다	먹다:	먹 + −어야 되다	➡	먹어야 되다
−하다	−해야 되다	공부하다:	공부 + 해야 되다	➡	공부해야 되다
ㅡ	ㅡ 탈락	쓰다:	ㅆ + −어야 되다	➡	써야 되다
불규칙 'ㄷ'	ㄷ → ㄹ	걷다:	걸 + −어야 되다	➡	걸어야 되다
불규칙 '르'	르 → ㄹㄹ	부르다:	불러 + −어야 되다	➡	불러야 되다
불규칙 'ㅂ'	ㅂ → 우	줍다:	주우 + −어야 되다	➡	주워야 되다

예문 1. 도서관에서 책을 **찾아야 돼요**.

2. 매일 열심히 **공부해야 돼요**.

3. 어제는 밤까지 **일해야 됐어요**.

> V/A−아/어야 되다 = V/A−아/어야 하다
> • 학교에 가야 <u>돼요</u>. = 학교에 가야 <u>해요</u>.

📝 문법 연습

Q1. 그림을 보고 문장을 완성해 보세요. Look at the picture and complete the sentences.

보기

가: 오늘 저녁 같이 먹을까요?

나: 미안해요. 오늘은 일찍 집에 <u>가야 돼요</u> .

1.

가: 요즘 너무 피곤해요.

나: 그러면 *푹 _____.

> * 푹 쉬다: To take a good rest

2.

가: 살을 빼고 싶어요.

나: 그래요? 그러면 매일 _____.

3.

가: 고기 좀 더 주세요.

나: 기다려 주세요. 고기를 더 _____.

> * 굽다: To grill

4.

가: 도서관 회원증을 만들고 싶어요.

나: 그러면 먼저 신청서를 _____.

5.

가: 집이 많이 추워요?

나: 네, 그래서 집에서도 두꺼운 옷을 _____.

📋 **문법 학습**

V-(으)려고 하다

점심에 뭐 먹을 거예요?

피자를 먹으려고 해요.

주말에 뭐 할 거예요?

공원에서 자전거를 타려고 해요.

의미 Meaning	• 동사의 어간 뒤에 붙어서 계획이나 의도를 나타내요. '(으)려고 하다' attaches to the end of a verb stem to indicate a plan or an intention.			
형태 Form	받침 O	–으려고 하다	읽다: 읽 + –으려고 하다	➡ 읽으려고 하다
	받침 X	–려고 하다	보다: 보 + –려고 하다	➡ 보려고 하다
	받침 'ㄹ'	–려고 하다	만들다: 만들 + –려고 하다	➡ 만들려고 하다
	불규칙 'ㄷ'	ㄷ → ㄹ	걷다: 걸 + –으려고 하다	➡ 걸으려고 하다
	불규칙 'ㅂ'	ㅂ → 우	줍다: 주우 + –려고 하다	➡ 주우려고 하다

예문 1. 주말에 소설을 읽으려고 해요.
2. 오늘 밤에 그 영화를 보려고 해요.

Q1. 여러분의 계획을 써 보세요. Write your plan.

1. 내일 _____

2. *크리스마스 _____

3. 방학/휴가 _____

* 크리스마스: Christmas

📝 문법 연습

Q2. 그림을 보고 문장을 완성해 보세요. Look at the picture and complete the sentences.

보기

가: 내일 뭐 할 거예요?

나: 도서관에서 책을 <u>읽으려고 해요</u>.

1.

가: 주말에 뭐 할 거예요?

나: 영화관에서 영화를 _____.

2.

가: 저녁에 뭐 할 거예요?

나: 친구하고 강남에서 _____.

3.

가: 지금 어디에 가요?

나: 공원이요. 공원을 좀 _____.

4.

가: *밀가루를 왜 샀어요?

나: 빵을 좀 _____.

* 밀가루: Flour

5.

가: 내일 등산할 거예요? 산은 아직 추워요!

나: 네, 그래서 따뜻한 옷을 _____.

말하기

빈슨: 안녕하세요. 책을 빌리려고 해요. 이 책 좀 찾아 주세요.

직원: 네, 먼저 책 제목을 검색해야 돼요. 그 책 제목이 뭐예요?

빈슨: 「그린 한국어」예요.

직원: 저기에 있어요. 책을 직접 꺼내야 돼요. 그리고 저한테 주세요.

빈슨: 네, 여기요. 이 책을 빌려주세요.

직원: 네, 도서관 회원증이 있어요?

빈슨: 저는 도서관 회원증이 없어요. 어떻게 해야 돼요?

직원: 그럼 먼저 이 신청서를 써야 돼요. 그리고 책은 다음 주까지 돌려주세요.

내용 확인

Q1. 대화를 듣고 질문에 대답해 보세요. Listen to the dialogue and answer the questions.

1. 빈슨 씨는 지금 어디에 있어요?

2. 빈슨 씨는 무엇을 하고 싶어 해요?

3. 빈슨 씨는 도서관 회원증이 없어요. 어떻게 해야 돼요?

Q2. 아래 어휘를 사용하여 친구와 대화 연습을 해 보세요.
Practice having a conversation with your partner using the vocabulary below.

검색하다 저 돌려주다	찾다 도서관 직원 도서관에 *가져오다	알다 저 직원 *반납하다

* 가져오다: To bring, 반납하다: To return

Q3. 친구와 도서관 규칙을 만들고 〈보기〉의 대화를 완성해 보세요.
Create library rules with your partner and complete the dialogue as shown in the example.

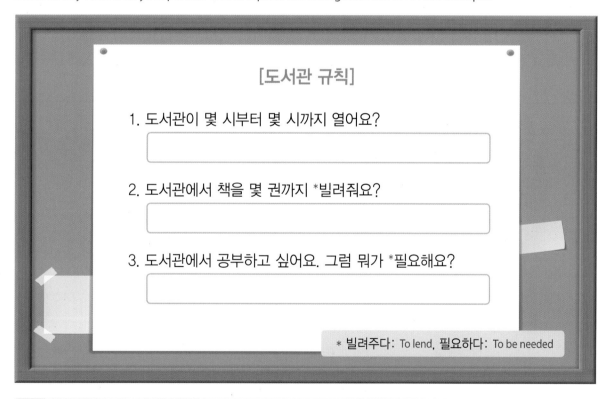

[도서관 규칙]

1. 도서관이 몇 시부터 몇 시까지 열어요?

2. 도서관에서 책을 몇 권까지 *빌려줘요?

3. 도서관에서 공부하고 싶어요. 그럼 뭐가 *필요해요?

* 빌려주다: To lend, 필요하다: To be needed

보기

학생: 안녕하세요.

직원: 네, 어서 오세요.

학생: 도서관에서 공부를 하려고 해요. 그런데 …

Q. 도서관에서 책을 빌리려고 해요. 어떻게 해야 돼요?

You want to borrow a book from the library. What should you do?

듣기 연습 ❶

Q1. 두 사람이 어디에 있어요? 잘 듣고 연결해 보세요.

Where are the two people? Listen carefully and match them to the correct pictures.

1.

   a.

2.

   b.

3.

   c.

Q2. 잘 듣고 맞으면 O, 틀리면 X 표시해 보세요. Listen carefully, and mark O if correct, and X if incorrect.

1. 여자는 지금 도서관에 가고 있어요.　　　　　O　　X

2. 여자는 도서관에 책을 돌려줄 거예요.　　　　O　　X

3. 남자는 이미 도서관 회원증이 있어요.　　　　O　　X

4. 여자는 남자한테 책을 빌려줄 거예요.　　　　O　　X

Q3. 잘 듣고 빈칸을 채워 보세요. Listen carefully and fill in the blanks.

1. 책을 _____.

2. 저도 읽고 싶어요. _____.

3. 미안해요. 오늘까지 _____.

4. 먼저 도서관에서 _____.

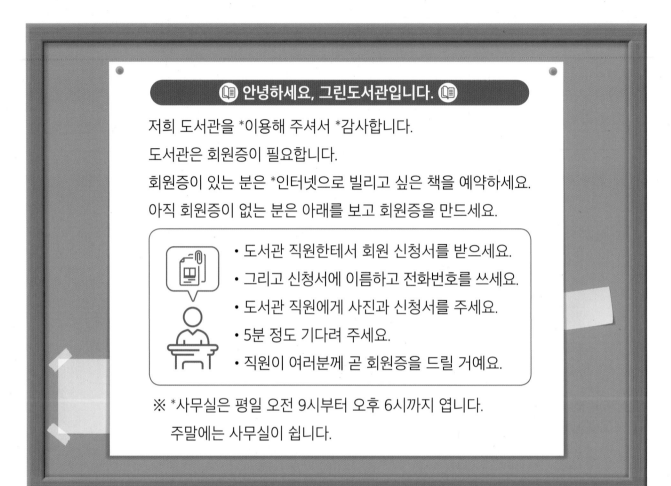

안녕하세요, 그린도서관입니다.

저희 도서관을 *이용해 주셔서 *감사합니다.

도서관은 회원증이 필요합니다.

회원증이 있는 분은 *인터넷으로 빌리고 싶은 책을 예약하세요.

아직 회원증이 없는 분은 아래를 보고 회원증을 만드세요.

- 도서관 직원한테서 회원 신청서를 받으세요.
- 그리고 신청서에 이름하고 전화번호를 쓰세요.
- 도서관 직원에게 사진과 신청서를 주세요.
- 5분 정도 기다려 주세요.
- 직원이 여러분께 곧 회원증을 드릴 거예요.

※ *사무실은 평일 오전 9시부터 오후 6시까지 엽니다.
　주말에는 사무실이 쉽니다.

* 이용하다: To use, 감사하다: To appreciate, 인터넷: Internet, 사무실: Office

내용 확인

Q1. 글을 읽고 질문에 대답해 보세요. Read the text and answer the questions.

1. 이 글의 제목으로 알맞은 것을 고르세요.

　① 인터넷 이용 시간　② 회원증 신청 *방법　③ 도서관 예약 방법　④ 도서관 이용 시간

2. 도서관 회원증 신청서를 누구한테 받아야 돼요?

3. 신청서에 무엇을 써야 돼요?

4. 도서관 직원한테 무엇을 줘야 돼요?

* 방법.: Way

Q1. 아래 상황에서 친구에게 부탁하는 문자 메시지를 써 보세요.
Write a text message to your friend making a request in the situation below.

상황1. 어머니 생신 선물을 사러 친구와 함께 백화점에 가고 싶어요.

상황2. 친구에게 책을 빌리고 싶어요.

상황2. 친구의 고향 음식을 먹고 싶어요.

상황3. 이번 연휴에 친구와 함께 여행하고 싶어요.

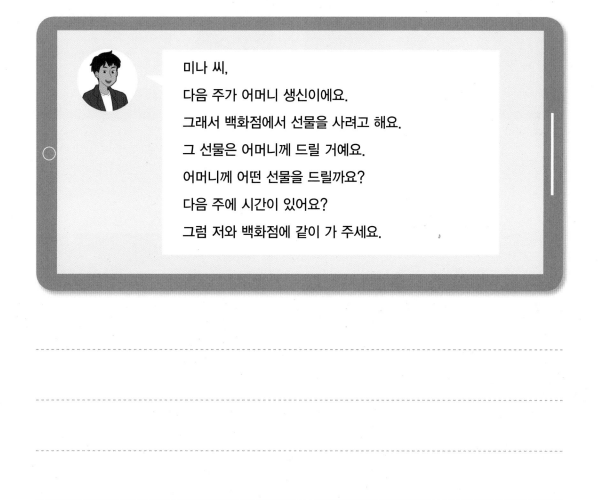

미나 씨,

다음 주가 어머니 생신이에요.

그래서 백화점에서 선물을 사려고 해요.

그 선물은 어머니께 드릴 거예요.

어머니께 어떤 선물을 드릴까요?

다음 주에 시간이 있어요?

그럼 저와 백화점에 같이 가 주세요.

문화

한국의 공공 예절
Public Etiquette in Korea

어떤 공공 예절을 알리는 표지판일까요?
What kind of public etiquette sign is it?

휴대폰을 사용하지 마세요.

반려동물의 배변을 그냥 두지 마세요.

음식을 만들어 먹지 마세요.

담배를 피우지 마세요.

여러분 나라에서 쉽게 볼 수 있는 공공 예절 표지판은 뭐예요?
What public etiquette signs are commonly seen in your country?

격음화②

'ㅈ'의 앞뒤에 오는 글자가 'ㅎ'이면,
[ㅈ]과 [ㅎ] 소리가 합쳐져 [ㅊ]으로 발음해요.

If the letter before and after the consonant 'ㅈ' is 'ㅎ',
the sounds [ㅈ] and [ㅎ] are combined and pronounced as [ㅊ].

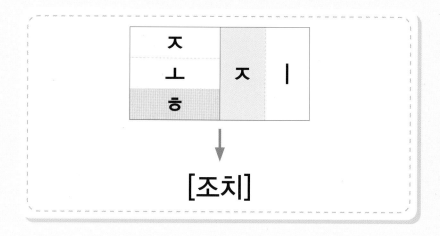

[조치]

[ㅊ]

Q1. 밑줄 친 글자의 발음을 잘 들어 보세요.
Listen carefully to the pronunciation of the underlined letter.

빨갛지

[빨가치]

맞히다

[마치다]

앉히다

[안치다]

싫지

[실치]

1과

듣기 연습 ❶
p. 28

Q1. 잘 듣고 연결해 보세요.

1. 토요일에 백화점에서 쇼핑했어요.
2. 일요일 아침에 친구하고 배드민턴을 쳤어요.
3. 일요일 저녁에 편의점에서 아르바이트를 했어요.

듣기 연습 ❷
p. 29

Q2. 잘 듣고 맞으면 O, 틀리면 X 표시해 보세요.

남자: 유코 씨, 주말에 뭐 했어요? 주말에도 일했어요?
여자: 아니요, 일하지 않았어요. 집에서 쉬었어요. 제임스 씨는 뭐 했어요?
남자: 저는 친구하고 등산했어요.
여자: 우와! 등산이요? 사진도 찍었어요?
남자: 아니요, 사진은 안 찍었어요.

듣기 연습 ❸
p. 29

Q3. 잘 듣고 빈칸을 채워 보세요.

1. 주말에도 일했어요?
2. 아니요, 일하지 않았어요.
3. 저는 친구하고 등산했어요.
4. 사진도 찍었어요?

2과

듣기 연습 ❶
p. 44

Q1. 들은 순서대로 번호를 써 보세요.

1. 휴가에 놀이 기구를 타러 놀이공원에 갈 거예요.
2. 연휴에 친구를 만나러 고향에 갈 거예요.
3. 방학에 수영을 하러 바다에 갈 거예요.
4. 휴가에 캠핑을 하러 산에 갈 거예요.

듣기 연습 ❷
p. 45

Q2. 잘 듣고 맞으면 O, 틀리면 X 표시해 보세요.

여자: 타쿠야 씨, 휴가에 뭐 할 거예요?
남자: 저는 휴가에 콘서트를 보러 갈 거예요.
　　　그리고 여자 친구하고 데이트도 할 거예요.
　　　나타완 씨는 휴가에 뭐 할 거예요?
여자: 저는 친구하고 같이 바다에 수영하러 갈 거예요.
　　　그리고 바다에서 낚시도 할 거예요.

듣기 연습 ❸
p. 45

Q3. 잘 듣고 빈칸을 채워 보세요.

1. 저는 휴가에 콘서트를 보러 갈 거예요.
2. 여자 친구하고 데이트도 할 거예요.
3. 친구하고 같이 바다에 수영하러 갈 거예요.
4. 바다에서 낚시도 할 거예요.

3과

듣기 연습 ❶
p. 60

Q1. 잘 듣고 연결해 보세요. 그리고 교통수단과 시간을 쓰세요.

1. 집에서 회사까지 지하철로 10분 정도 걸려요.
2. 학원에서 서점까지 자전거로 20분 정도 걸려요.
3. 공항에서 식당까지 택시로 50분 정도 걸려요.

듣기 연습 ❷
p. 61

Q2. 잘 듣고 맞으면 O, 틀리면 X 표시해 보세요.

남자: 여보세요? 나타완 씨, 출발했어요?
여자: 네, 지금 집에서 출발했어요. 타쿠야 씨는요?
남자: 저는 지금 강남역에 도착했어요.
　　　나타완 씨 집에서 여기까지 어떻게 올 거예요?
여자: 지하철로 갈 거예요.
남자: 지하철로 얼마나 걸려요?
여자: 30분 정도 걸려요.

듣기 연습 ❸ p. 61

Q3. 잘 듣고 빈칸을 채워 보세요.

1. 집에서 여기까지 어떻게 올 거예요?
2. 지하철로 갈 거예요.
3. 지하철로 얼마나 걸려요?
4. 30분 정도 걸려요.

4과

듣기 연습 ❶ p. 78

Q1. 들은 순서대로 번호를 써 보세요.

1. 집에서 회사까지 걸어서 10분 정도 걸려요.
   집이 회사에서 가까워요.
2. 집에서 회사까지 차로 1시간 정도 걸려요.
   집이 회사에서 멀어요.
3. 주말에 방을 청소했어요. 방이 깨끗해요.
4. 주말에 방을 청소하지 않았어요. 방이 더러워요.

듣기 연습 ❷ p. 79

Q2. 잘 듣고 맞으면 O, 틀리면 X 표시해 보세요.

여자: 어서 오세요.
남자: 안녕하세요. 편한 옷 있어요?
여자: 네, 여기요. 이거 어때요?
남자: 옷이 좀 작아요. 큰 옷 있어요?
여자: 그럼 이 옷은 어때요?
남자: 좋아요. 얼마예요?
여자: 50,000원이에요.
남자: 여기요.

듣기 연습 ❸ p. 79

Q3. 잘 듣고 빈칸을 채워 보세요.

1. 편한 옷 있어요?
2. 네, 여기요. 이거 어때요?
3. 옷이 좀 작아요.
4. 큰 옷 있어요?

5과

듣기 연습 ❶ p. 98

Q1. 누구일까요? 잘 듣고 빈칸에 써 보세요.

1. 할아버지가 할머니보다 키가 더 커요.
2. 오빠보다 언니가 더 무거워요.
3. 가족 중에서 동생이 제일 말이 많아요.

듣기 연습 ❷ p. 99

Q2. 잘 듣고 맞으면 O, 틀리면 X 표시해 보세요.

여자: 제임스 씨, 이거 뭐예요?
남자: 우리 가족 사진이에요. 할아버지, 할머니, 엄마,
      아빠, 형 그리고 저예요.
여자: 우와! 가족이 많아요. 제임스 씨는 부지런해요.
      형도 부지런해요?
남자: 형이 저보다 더 부지런해요.
여자: 그래요? 그럼 가족 중에서 누가 제일 부지런해요?
남자: 아빠가 제일 부지런해요.

듣기 연습 ❸ p. 99

Q3. 잘 듣고 빈칸을 채워 보세요.

1. 할아버지, 할머니, 엄마, 아빠, 형 그리고 저예요.
2. 형이 저보다 더 부지런해요
3. 가족 중에서 누가 제일 부지런해요?
4. 아빠가 제일 부지런해요.

6과

듣기 연습 ❶ p. 116

Q1. 들은 내용과 일치하는 맛에 모두 O 표시해 보세요.

1. 피자가 달고 짜지만 맛있습니다.
2. 레몬 주스가 비싸고 조금 시지만 맛있습니다.
3. 술이 차갑고 조금 씁니다. 달지 않습니다.
4. 김치찌개가 뜨겁고 조금 맵습니다. 짜지 않습니다.

Q2. 잘 듣고 맞으면 O, 틀리면 X 표시해 보세요.

여자: 안녕하세요. 이수지 기자입니다.
　　　여기는 유명한 한식집입니다.
　　　손님! 떡국이 어떻습니까?
남자: 뜨겁고 맛있습니다.
여자: 짜지 않습니까?
남자: 아니요, 짜지 않습니다.
여자: 김치찌개 맛은 어떻습니까?
남자: 조금 맵고 짜지만 맛있습니다.

Q3. 잘 듣고 빈칸을 채워 보세요.

1. 떡국이 어떻습니까?
2. 뜨겁고 맛있습니다.
3. 김치찌개 맛은 어떻습니까?
4. 조금 맵고 짜지만 맛있습니다.

7과

Q1. 잘 듣고 연결해 보세요.

1. 여기는 미술관이에요.
　　미술관에서는 그림을 만지지 마세요.
2. 여기는 영화관이에요.
　　영화관에서는 휴대폰을 끄세요.
3. 여기는 레스토랑이에요.
　　레스토랑에서는 뛰지 마세요.

Q2. 잘 듣고 맞으면 O, 틀리면 X 표시해 보세요.

여자: 여보세요? 타쿠야 씨, 저는 지금 영화관에
　　　도착했어요. 타쿠야 씨는요?
남자: 저는 지금 가고 있어요.
　　　집에서 조금 늦게 출발했어요. 미안해요.
여자: 괜찮아요. 아, 지금 영화가 시작했어요.
남자: 그래요? 그럼 휴대폰을 사용하지 마세요.
　　　휴대폰을 끄세요.
여자: 알겠어요. 빨리 오세요.

Q3. 잘 듣고 빈칸을 채워 보세요.

1. 저는 지금 가고 있어요.
2. 휴대폰을 사용하지 마세요.
3. 휴대폰을 끄세요.
4. 빨리 오세요.

8과

Q1. 잘 듣고 빈칸을 채워 보세요.

1. 남자: 오늘 저녁에 공원에 갈까요?
　　여자: 네, 좋아요.
　　남자: 공원에서 뭐 하고 싶어요?
　　여자: 공원에서 산책하고 싶어요.
2. 남자: 내일 아침에 바다에 갈까요?
　　여자: 네, 좋아요.
　　남자: 바다에서 뭐 하고 싶어요?
　　여자: 바다에서 낚시하고 싶어요.
3. 남자: 주말에 산에 갈까요?
　　여자: 네, 좋아요.
　　남자: 산에서 뭐 하고 싶어요?
　　여자: 산에서 캠핑하고 싶어요.

Q2. 잘 듣고 맞으면 O, 틀리면 X 표시해 보세요.

남자: 여보세요? 유코 씨, 이번 주 토요일에 시간 있어요?
　　　같이 경복궁에 갈까요?
여자: 경복궁이요? 왜요?
남자: 경복궁에서 한복 축제를 해요
여자: 정말요? 저도 예쁜 한복을 입고 싶어요.
　　　같이 가요!
남자: 좋아요. 저녁도 같이 먹을까요?
여자: 네, 좋아요. 삼겹살 먹을까요?
남자: 네, 삼겹살 좋아요. 그럼 토요일에 만나요!

Q3. 잘 듣고 빈칸을 채워 보세요.

1. 같이 경복궁에 갈까요?
2. 저도 예쁜 한복을 입고 싶어요.
3. 저녁도 같이 먹을까요?
4. 그럼 토요일에 만나요.

9과

Q1. 잘 듣고 빈칸을 채워 보세요.

1. 저희 아버지 성함은 김민철이세요.
   올해 예순이세요. 아버지께서는 의사세요.
   그래서 아침부터 저녁까지 병원에서 일하세요.
   아버지 생신은 7월 5일이에요.
   아버지께서는 운동을 좋아하세요.
   그래서 헬스클럽에 자주 가세요.
2. 저희 어머니 성함은 박수지세요.
   올해 쉰다섯이세요. 어머니께서는 선생님이세요.
   오전 9시부터 오후 6시까지 학교에서 일하세요.
   어머니 생신은 12월 23일이에요.
   어머니께서는 요리를 좋아하세요.
   그래서 매일 저녁 맛있는 음식을 만드세요.
3. 저희 할아버지 성함은 김성일이세요.
   올해 여든셋이세요. 할아버지께서는 요리사세요.
   그래서 평일에는 식당에서 일하세요.
   할아버지 생신은 1월 10일이에요.
   할아버지께서는 산책을 좋아하세요.
   그래서 매일 아침 공원에서 산책하세요.

Q2. 잘 듣고 맞으면 O, 틀리면 X 표시해 보세요.

남자: 유코 씨, 휴가에 뭐 했어요?
여자: 할아버지 댁에 갔어요.
남자: 할아버지 댁이 어디예요?
여자: 부산이에요. 거기에서 회를 먹었어요.
남자: 할아버지께서도 회를 드셨어요?
여자: 아니요, 저희 할아버지께서는 회를 안 좋아하세요.
　　　그래서 회를 안 드셨어요. 불고기를 잡수셨어요.

Q3. 잘 듣고 빈칸을 채워 보세요.

1. 할아버지 댁에 갔어요.
2. 할아버지께서도 회를 드셨어요?
3. 저희 할아버지께서는 회를 안 좋아하세요.
4. 불고기를 잡수셨어요.

10과

Q1. 두 사람이 어디에 있어요? 잘 듣고 연결해 보세요.

1. 여자: 휴가에 바다에 놀러 가려고 해요.
   　　　그래서 살을 빼야 돼요. 저한테 운동을 가르쳐
   　　　주세요.
   남자: 네, 그러면 매일 여기에 와야 돼요.
   　　　여기에서 저하고 같이 운동해요!
2. 여자: 치마를 사려고 해요. 예쁜 치마 있어요?
   남자: 네, 여기에 많이 있어요.
   　　　먼저 사이즈를 말씀해 주세요.
3. 여자: 여기에서 한국어를 배우려고 해요.
   　　　어떻게 해야 돼요?
   남자: 먼저 신청서를 써 주세요.
   　　　그리고 저한테 주세요.

Q2. 잘 듣고 맞으면 O, 틀리면 X 표시해 보세요.

남자: 유코 씨, 지금 어디에 가요?
여자: 도서관이요. 책을 돌려주려고 해요.
남자: 무슨 책을 읽었어요?
여자: 한국 소설을 읽었어요.
　　　이 책 정말 재미있어요.
남자: 정말요? 저도 읽고 싶어요.
　　　저한테 빌려주세요.
여자: 미안해요. 오늘까지 돌려줘야 돼요.
남자: 그래요? 저도 그 책을 빌리고 싶어요.
　　　어떻게 해야 돼요?
여자: 도서관 회원증이 있어요?
남자: 아니요.
여자: 그러면 먼저 도서관에서 회원 등록을 해야 돼요.

Q3. 잘 듣고 빈칸을 채워 보세요.

1. 책을 돌려주려고 해요.

2. 저도 읽고 싶어요. 저한테 빌려주세요.

3. 미안해요. 오늘까지 돌려줘야 돼요.

4. 먼저 도서관에서 회원 등록을 해야 돼요.

1과

어휘 p. 19

Q1. 그림과 어휘를 연결해 보세요.

1. f. 배드민턴을 치다
2. c. 아르바이트(를) 하다
3. b. 게임(을) 하다
4. d. 여행(을) 하다
5. e. 산책(을) 하다
6. g. 낚시(를) 하다
7. i. 자전거를 타다
8. h. 사진을 찍다

문법 1 p. 21

Q2. 그림을 보고 질문에 대답해 보세요.

1. 책을 읽었어요.
2. 산책했어요.
3. 편지를 썼어요.
4. 음악을 들었어요.
5. 노래를 불렀어요.
6. 의사였어요.
7. 선생님이었어요.

문법 2 p. 23

Q2. 그림을 보고 질문에 대답해 보세요.

1. 게임을 했어요. 노래도 불렀어요.
2. 요리를 했어요. 청소도 했어요.
3. 네, 등산했어요. 사진도 찍었어요.
4. 아니요, 자전거를 탔어요.
   책도 읽었어요.

문법 3 p. 25

Q2. 그림을 보고 질문에 대답해 보세요.

1. 아니요, 햄버거를 안 좋아해요[좋아하지 않아요].
   피자를 좋아해요.
2. 아니요, 오늘 도서관에 안 가요[가지 않아요].
   집에 가요.
3. 아니요, 어제 공부 안 했어요[공부하지 않았어요].
   잤어요.
4. 아니요, 주말에 운동 안 했어요[운동하지 않았어요].
   텔레비전을 봤어요.

말하기 p. 26

Q1. 대화를 듣고 질문에 대답해 보세요.

1. 아니요, 빈슨 씨는 주말에 운동하지 않았어요.
2. 빈슨 씨는 주말에 영화를 봤어요.
3. 이리나 씨는 토요일에 도서관에 갔어요.
4. 이리나 씨는 공원에서 산책했어요.
   그리고 자전거도 탔어요.

듣기 pp. 28-29

Q1. 잘 듣고 연결해 보세요.

1. c
2. a
3. b

Q2. 잘 듣고 맞으면 O, 틀리면 X 표시해 보세요.

1. X
2. X
3. O
4. X

Q3. 잘 듣고 빈칸을 채워 보세요.

1. 일했어요
2. 일하지 않았어요
3. 등산했어요
4. 사진도

읽기 p. 30

Q1. 글을 읽고 질문에 대답해 보세요.

1. 주말에 친구를 만났어요.
2. 경복궁에서 사진을 찍었어요.
3. 카페에서 주스를 마셨어요.

2과

p. 35

어휘

Q1. 그림과 어휘를 연결해 보세요.

1. d. 바다
2. b. 산
3. c. 캠핑(을) 하다
4. e. 이사(를) 하다
5. h. 수영(을) 하다
6. f. 놀이공원
7. g. 데이트(를) 하다
8. i. 고향에 가다

문법 1

p. 37

Q2. 그림을 보고 질문에 대답해 보세요.

1. 책을 읽을 거예요.
2. 피자를 만들 거예요.
3. 음악을 들을 거예요.
4. 캠핑을 할 거예요.
5. 놀이공원에 갈 거예요.
6. 수영을 할 거예요.
7. 자전거를 탈 거예요.

문법 2

p. 39

Q2. 그림을 보고 질문에 대답해 보세요.

1. 산하고 바다에 갈 거예요.
2. 수영하고 캠핑할 거예요.
3. 이리나하고 놀이공원에 갈 거예요.
4. 아니요, 친구하고 등산할 거예요.

문법 3

p. 41

Q2. 그림을 보고 질문에 대답해 보세요.

1. 영화관에 영화를 보러 갈 거예요.
2. 친구하고 바다에 놀러 갈 거예요.
3. 콘서트에 노래를 들으러 갈 거예요.
4. 식당에 피자를 먹으러 갈 거예요.
5. 공원에 자전거를 타러 갈 거예요.
6. 산에 등산하러 갈 거예요.
7. 놀이공원에 놀이 기구를 타러 갈 거예요.

말하기

p. 42

Q1. 대화를 듣고 질문에 대답해 보세요.

1. 제임스 씨는 내일부터 휴가예요.
2. 제임스 씨는 휴가에 산하고 바다에 놀러 갈 거예요.
3. 아니요, 유코 씨는 친구하고 같이 콘서트에 갈 거예요.
4. 유코 씨는 콘서트에 한국 가수를 보러 갈 거예요.

듣기

pp. 44-45

Q1. 들은 순서대로 번호를 써 보세요.

1	3
4	2

Q2. 잘 듣고 맞으면 O, 틀리면 X 표시해 보세요.

1. O
2. O
3. O
4. X

Q3. 잘 듣고 빈칸을 채워 보세요.

1. 보러 갈 거예요
2. 데이트도 할 거예요
3. 친구하고 같이
4. 낚시도 할 거예요

읽기

p. 46

Q1. 글을 읽고 질문에 대답해 보세요.

1. 친구가 저를 만나러 한국에 와요.
2. 비빔밥을 먹으러 한식집에 갈 거예요.
3. 김치 박물관에서 김치를 만들 거예요.
4. 한강 공원에서 자전거를 탈 거예요.
   그리고 피자도 먹을 거예요.

3과

어휘

p. 53

Q1. 그림과 어휘를 연결해 보세요.

1. c. 지하철
2. b. 타다
3. f. 배

4. d. 출발하다
5. e. 택시
6. g. 기차
7. i. 비행기
8. h. 걸어서 가다

문법 1   p. 55

Q2. 그림을 보고 질문에 대답해 보세요.

1. 비행기로 가요.
2. 지하철로 가요.
3. 지하철 1호선으로 가요.
4. 배로 가요.
5. 택시로 가요.
6. 걸어서 가요.

문법 2   p. 57

Q2. 그림을 보고 질문 또는 대답해 보세요.

1. 은행에서 서점까지 자전거로 얼마나 걸려요
2. 한국에서 미국까지 어떻게 가요
3. 강남역에서 종각역까지 어떻게 가요

말하기   p. 58

Q1. 대화를 듣고 질문에 대답해 보세요.

1. 이리나 씨는 이번 연휴에 부산에 갈 거예요.
2. 이리나 씨는 부산까지 고속버스로 갈 거예요.
3. 부산에 5시에 도착해요.

듣기   pp. 60-61

Q1. 잘 듣고 연결해 보세요. 그리고 교통수단과 시간을 쓰세요.

1. b. 지하철, 10분
2. c. 자전거, 20분
3. a. 택시, 50분

Q2. 잘 듣고 맞으면 O, 틀리면 X 표시해 보세요.

1. X
2. O
3. O
4. X

Q3. 잘 듣고 빈칸을 채워 보세요.

1. 집에서 여기까지
2. 지하철로
3. 얼마나 걸려요
4. 30분 정도

읽기   p. 62

Q1. 글을 읽고 질문에 대답해 보세요.

1. 타쿠야 씨 집에서 학원까지 40분 정도 걸려요.
2. 타쿠야 씨는 보통 학원에 지하철로 가요.
3. 타쿠야 씨는 시청역에서 1호선으로 갈아타요.
4. 타쿠야 씨는 오늘 아침에 9시 40분에 일어났어요.
    그래서 택시로 학원까지 갔어요.

4과

어휘 1   p. 67

Q1. 그림과 어휘를 연결해 보세요.

1. c. 많다
2. b. 높다
3. f. 비싸다
4. d. 싸다
5. e. 멀다
6. g. 무겁다
7. i. 길다
8. h. 깨끗하다

어휘 2   p. 69

Q1. 그림과 어휘를 연결해 보세요.

1. b. 같다
2. f. 재미없다
3. c. 재미있다
4. d. 어렵다
5. e. 편하다
6. i. 빠르다
7. g. 좋다
8. h. 불편하다

Q1. 그림과 어휘를 연결해 보세요.

1. c. 맛있다
2. b. 바쁘다
3. d. 아프다
4. g. 두껍다
5. e. 뜨겁다
6. f. 덥다
7. h. 차갑다
8. i. 배고프다

문법 1   p. 73

Q2. 그림을 보고 문장을 완성해 보세요.

1. 많아요.
2. 멀어요.
3. 더워요.
4. 깨끗해요.
5. 무거워요.
6. 아파요.
7. 빨라요.

문법 2   p. 75

Q2. 그림을 보고 문장을 완성해 보세요.

1. 비싼
2. 재미있는
3. 더러운
4. 긴
5. 많은
6. 편한
7. 맛있는

말하기   p. 76

Q1. 대화를 듣고 질문에 대답해 보세요.

1. 이리나 씨는 옷 가게에 있어요.
2. 짧은 치마가 비쌌어요. 그래서 사지 않았어요.
3. 이리나 씨는 긴 치마를 샀어요.

듣기   pp. 78-79

Q1. 들은 순서대로 번호를 써 보세요.

| 1 | 4 |
| 3 | 2 |

Q2. 잘 듣고 맞으면 O, 틀리면 X 표시해 보세요.

1. O
2. X
3. X
4. X

Q3. 잘 듣고 빈칸을 채워 보세요.

1. 편한
2. 어때요
3. 작아요
4. 큰 옷 있어요

읽기   p. 80

Q1. 글을 읽고 질문에 대답해 보세요.

1. 유코 씨는 백화점에 구두를 사러 갔어요.
2. 백화점 구두가 좀 불편했어요. 그리고 너무 비쌌어요.
3. 유코 씨는 백화점 근처 작은 시장에서 구두를 샀어요.
4. 운동화가 어제부터 세일을 했어요. 그래서 운동화도 샀어요.

5과

어휘 1   p. 87

Q1. 그림과 어휘를 연결해 보세요.

1. c. 할아버지
2. b. 오빠/형
3. d. 언니/누나
4. e. 아버지/아빠
5. g. 어머니/엄마
6. f. 동생
7. i. 부모님
8. h. 할머니

어휘 2

p. 89

Q1. 그림과 어휘를 연결해 보세요.

1. c. 예쁘다
2. b. 키가 크다
3. d. 날씬하다
4. g. 부지런하다
5. e. 귀엽다
6. f. 친절하다
7. i. 조용하다
8. h. 활발하다

어휘 3

p. 91

Q1. 〈보기〉에서 알맞은 어휘를 골라 빈칸에 써 보세요.

1. 머리
2. 귀
3. 입
4. 손
5. 발
6. 눈
7. 코
8. 팔
9. 다리

문법 1

p. 93

Q2. 그림을 보고 문장을 써 보세요.

1. * 타쿠야가 빈슨보다 더 무거워요.
   * 타쿠야가 빈슨보다 더 뚱뚱해요.
   * 빈슨이 타쿠야보다 더 가벼워요.
   * 빈슨이 타쿠야보다 더 날씬해요.
2. * 언니가 오빠보다 키가 더 커요.
   * 오빠가 언니보다 키가 더 작아요.
3. * 가방이 신발보다 더 싸요.
   * 신발이 가방보다 더 비싸요.
4. * 기차가 비행기보다 더 느려요.
   * 비행기가 기차보다 더 빨라요.

문법 2

p. 95

Q2. 그림을 보고 질문에 대답해 보세요.

1. 세 사람 중에서 빈슨이 제일 날씬해요.
2. 한국 산 중에서 한라산이 제일 높아요.

3. 이 식당에서 피자가 제일 비싸요.
4. 교실에서 유코가 제일 활발해요.
5. 이 가게에서 가방이 제일 싸요.

말하기

pp. 96-97

Q1. 대화를 듣고 질문에 대답해 보세요.

1. 이리나 씨 가족은 네 명이에요.
2. 이리나 씨 언니가 이리나 씨보다 키가 더 커요.
3. 이리나 씨 가족 중에서 엄마가 제일 작아요.

Q3. 활동 카드(215P)를 사용하여 친구와 이야기해 보세요. 그리고 정답을 쓰세요.

1.	신발	가방	바지	모자
2.	미나	루이스	제임스	피에르
3.	언니	동생	엄마	할머니

듣기

pp. 98-99

Q1. 누구일까요? 잘 듣고 빈칸에 써 보세요.

1.	할아버지	할머니
2.	언니	오빠
3.	동생	

Q2. 잘 듣고 맞으면 O, 틀리면 X 표시해 보세요.

1. X
2. X
3. O
4. O

Q3. 잘 듣고 빈칸을 채워 보세요.

1. 엄마, 아빠, 형
2. 저보다 더
3. 가족 중에서
4. 아빠가 제일

Q1. 글을 읽고 질문에 대답해 보세요.

1. 유코 씨 가족은 모두 네 명이에요.
2. 유코 씨 아버지는 조용한 성격이에요.
3. 유코 씨 가족 중에서 오빠가 제일 재미있어요.
4. 유코 씨는 키가 작아요. 그리고 귀여워요.

6과

어휘 2　　p. 107

Q1. 음식과 맛을 연결해 보세요.

1. c. 맵다
2. b. 달다
3. d. 쓰다
4. f. 싱겁다
5. e. 시다

문법 1　　p. 109

Q1. 그림을 보고 질문에 대답해 보세요.

1. 짭니다
2. 답니다
3. 셨습니다
4. 썼습니다
5. 산책했습니다
6. 아니요, 정수 씨는 의사입니다
7. 아니요, 수호 씨는 요리사였습니다

문법 2　　p. 111

Q1. 그림을 보고 문장을 완성해 보세요.

1. 싸고 예뻐요
2. 청소하고, 운동해요
3. 학생이고, 회사원이에요
4. 가수고, 배우예요
5. 밥을 먹고 책을 읽었어요
6. 공부하고, 친구를 만날 거예요

문법 3　　p. 113

Q2. 그림을 보고 문장을 완성해 보세요.

1. 요리사지만

2. 학생이지만
3. 영화를 봤지만
4. 피곤했지만
5. 배웠지만
6. 회사원이었지만

말하기　　p. 114

Q1. 대화를 듣고 질문에 대답해 보세요.

1. 기자는 지금 서울에서 유명한 한식집에 있습니다.
2. 빈슨은 김치찌개하고 불고기를 먹습니다.
3. 김치찌개가 싸고 맛있습니다.
4. 아니요, 불고기는 답니다.

듣기　　pp. 116–117

Q1. 들은 내용과 일치하는 맛에 모두 O 표시해 보세요.

	달다	짜다	맵다	쓰다	시다
1.	O	O			
2.					O
3.				O	
4.			O		

Q2. 잘 듣고 맞으면 O, 틀리면 X 표시해 보세요.

1. X
2. O
3. X
4. O

Q3. 잘 듣고 빈칸을 채워 보세요.

1. 어떻습니까
2. 뜨겁고
3. 김치찌개
4. 맵고 짜지만

읽기　　p. 118

Q1. 글을 읽고 질문에 대답해 보세요.

1. 이 사람은 어제 한식집에 갔습니다.
2. 이 사람은 뜨거운 음식을 안 좋아합니다.
3. 이 사람은 비빔밥을 먹었습니다.
4. 비빔밥은 맛있었습니다.

7과

어휘   p. 125

Q1. 그림과 어휘를 연결해 보세요.

1. b. 큰 소리로 통화하다
2. e. (그림을) 만지다
3. d. 미술관
4. c. (도서관에서) 떠들다
5. f. 박물관
6. h. 우체국
7. g. (휴대폰을) 사용하다
8. i. 담배를 피우다

문법 1   p. 127

Q2. 그림을 보고 질문에 대답해 보세요.

1. 영화를 보고 있어요.
2. 커피를 마시고 있어요.
3. 샤워하고 있었어요.
4. 과일을 사고 있었어요.

문법 2   p. 129

Q2. 그림을 보고 알맞은 말을 써 보세요.

1. 택시를 타세요
2. 만드세요
3. (매일 공원에서) 걸으세요/운동하세요
4. 약을 드세요
5. (집에서) 쉬세요/주무세요

문법 3   p. 131

Q2. 그림을 보고 알맞은 말을 써 보세요.

1. 도서관에서 떠들지 마세요.
2. 그림을 만지지 마세요.
3. 큰 소리로 통화하지 마세요.
4. 영화관에서 휴대폰을 사용하지 마세요.
5. 화장실에서 담배를 피우지 마세요.

말하기   p. 132

Q1. 대화를 듣고 질문에 대답해 보세요.

1. 이리나 씨는 지금 학교에 가고 있어요.
2. 이리나 씨는 오늘 아침에 늦게 일어났어요.
   그래서 수업에 늦었어요.
3. 빈슨 씨가 수업 시간에 휴대폰을 사용했어요.
   그래서 혼났어요.

듣기   pp. 134-135

Q1. 잘 듣고 연결해 보세요.

1. c
2. a
3. b

Q2. 잘 듣고 맞으면 O, 틀리면 X 표시해 보세요.

1. X
2. X
3. O
4. O

Q3. 잘 듣고 빈칸을 채워 보세요.

1. 가고 있어요
2. 사용하지 마세요
3. 끄세요
4. 오세요

읽기   p. 136

Q1. 그림을 보고 사람들에게 알맞게 요청해 보세요.

1. 뛰지 마세요
2. 통화하지 마세요
3. 먹지 마세요
4. 떠들지 마세요

8과

어휘 1   p. 141

Q1. 그림과 어휘를 연결해 보세요.

1. d. 확인하다
2. b. 바꾸다
3. c. 찾아보다
4. e. 예매하다
5. f. 짐을 싸다
6. i. 취소하다
7. g. 예약하다

8. h. 구경하다

어휘 2   p. 143

Q1. 정답에 O 표시해 보세요.

1. 그래서
2. 그러니까
3. 하지만
4. 그래도

문법 1   p. 145

Q2. 그림을 보고 문장을 완성해 보세요.

1. 여행하고 싶어요
2. 청소하고 싶어요
3. 수영하고 싶어요
4. 영화를 안 보고 싶어요
5. 자고 싶어요
6. 햄버거를 먹고 싶었어요

문법 2   p. 147

Q2. 그림을 보고 질문해 보세요.

1. 책을 읽을까요?
2. 햄버거를 먹을까요?
3. 청소를 할까요?
4. 김치를 만들까요?
5. 노래를 들을까요?

말하기   p. 148

Q1. 대화를 듣고 질문에 대답해 보세요.

1. 내일 같이 저녁을 먹으려고 전화했어요.
2. 저녁 7시에 만날 거예요.
3. 이리나 씨가 고기를 먹고 싶어해요. 그래서 강남에서 고기를 먹을 거예요.

듣기   pp. 150–151

Q1. 잘 듣고 빈칸을 채워 보세요.

1.	공원
	오늘 저녁
	산책

2.	바다
	내일 아침
	낚시

3.	산
	주말
	캠핑

Q2. 잘 듣고 맞으면 O, 틀리면 X 표시해 보세요.

1. O
2. O
3. X
4. X

Q3. 잘 듣고 빈칸을 채워 보세요.

1. 갈까요
2. 입고 싶어요
3. 같이 먹을까요
4. 토요일에 만나요

읽기   p. 152

Q1. 글을 읽고 질문에 대답해 보세요.

1. 나타완 씨가 이메일을 썼어요.
2. 나타완 씨는 한국 요리를 좋아해요. 그리고 집에서 불고기를 만들고 싶어해요. 그래서 요리 학원에 등록했어요.
3. 나타완 씨는 불고기를 만들고 싶어 해요.

9과

어휘   p. 159

Q1. 그림과 어휘를 연결해 보세요.

1. b. 성함
2. d. 생신
3. c. 돌아가시다
4. e. 말씀하시다
5. g. 드시다
6. f. 연세
7. i. 주무시다
8. h. 진지

문법 1 p. 161

Q1. 아래 문장들을 높임말로 바꿔 써 보세요.

1. 어머니께서 영화를 좋아하세요.
2. 아버지께서 한국에 사세요.
3. 할아버지께서 매일 공원을 걸으세요.
4. 할머니께서 병원에서 일하세요.
5. 어머니께서는 보통 주말에 집에서 쉬세요.
6. 아버지께서는 보통 점심에 피자를 드세요.
7. 할머니께서는 커피를 안 드세요.
8. 할아버지께서 밤 늦게 주무세요.
9. 어머니께서는 의사세요.
10. 아버지께서 선생님이세요.

문법 2 p. 163

Q2. 아래 문장들을 높임말로 바꿔 써 보세요.

1. 어제 어머니께서 영화를 보셨어요.
2. 작년까지 아버지께서는 한국에 사셨어요.
3. 어제 할머니께서는 병원에서 일하셨어요.
4. 어제 할아버지께서는 커피를 안 드셨어요.
5. 어제 어머니께서 늦게 주무셨어요.
6. 내일 아버지께서는 집에서 쉬실 거예요.
7. 내일 할머니께서는 점심에 피자를 드실 거예요.

말하기 p. 164

Q1. 대화를 듣고 질문에 대답해 보세요.

1. 이리나 씨는 지난주 토요일에 부모님하고 할머니 댁에 갔어요.
2. 이리나 씨 할머니께서는 올해 여든셋이세요.
3. 이리나 씨 할머니께서는 매일 아침 공원에서 운동하세요.

듣기 pp. 166–167

Q1. 잘 듣고 빈칸을 채워 보세요.

이름:	김민철	박수지	김성일
나이:	60	55	83
직업:	의사	선생님	요리사
생일:	7월 5일	12월 23일	1월 10일
취미:	운동	요리	산책

Q2. 잘 듣고 맞으면 O, 틀리면 X 표시해 보세요.

1. O
2. O
3. X
4. X

Q3. 잘 듣고 빈칸을 채워 보세요.

1. 할아버지 댁
2. 할아버지께서도
3. 안 좋아하세요
4. 잡수셨어요

읽기 p. 168

Q1. 글을 읽고 질문에 대답해 보세요.

1. 할머니께서는 올해 아흔이세요.
2. 아버지께서는 주말에 집에서 맛있는 음식을 만드세요.
3. 이 사람은 나중에 의사가 되고 싶어해요.
4. 동생은 한국 노래를 좋아해요. 그래서 한국어를 배우고 싶어 해요.

10과

어휘 1 p. 173

Q1. 그림과 어휘를 연결해 보세요.

1. b. 찾다
2. c. 돌려주다
3. e. 꺼내다
4. d. 잡지
5. h. 제목
6. f. 신청서
7. g. 검색하다
8. i. 회원증

어휘 2 p. 175

Q1. 정답에 O 표시해 보세요.

1. 아직
2. 이제
3. 먼저
4. 이따가

| 문법 1 | p. 177 |

문법 1 p. 177

Q1. 그림을 보고 문장을 완성해 보세요.

1. 한테, 에게
2. 한테(서), 에게(서)
3. 께
4. 에
5. 에서

문법 2 p. 179

Q2. 그림을 보고 문장을 완성해 보세요.

1. 전화해 주세요
2. 써 주세요
3. 주워 주세요
4. 찾아 주세요

문법 3 p. 181

Q1. 그림을 보고 문장을 완성해 보세요.

1. 쉬어야 돼요
2. 운동해야 돼요
3. 구워야 돼요
4. 써야 돼요
5. 입어야 돼요

문법 4 p. 183

Q2. 그림을 보고 문장을 완성해 보세요.

1. 보려고 해요
2. 놀려고 해요
3. 걸으려고 해요
4. 만들려고 해요
5. 입으려고 해요

말하기 p. 184

Q1. 대화를 듣고 질문에 대답해 보세요.

1. 빈슨 씨는 지금 도서관에 있어요.
2. 빈슨 씨는 책을 빌리고 싶어 해요.
3. 신청서를 써야 돼요.

듣기 pp. 186-187

Q1. 두 사람이 어디에 있어요? 잘 듣고 연결해 보세요.

1. c
2. a
3. b

Q2. 잘 듣고 맞으면 O, 틀리면 X 표시해 보세요.

1. O
2. O
3. X
4. X

Q3. 잘 듣고 빈칸을 채워 보세요.

1. 돌려주려고 해요
2. 저한테 빌려주세요
3. 돌려줘야 돼요
4. 회원 등록을 해야 돼요

읽기 p. 188

Q1. 글을 읽고 질문에 대답해 보세요.

1. ②
2. 도서관 직원한테서 회원 신청서를 받아야 돼요.
3. 신청서에 이름하고 전화번호를 써야 돼요.
4. 도서관 직원한테 사진과 신청서를 줘야 돼요.

1과

어휘

어휘(KOR)	어휘(ENG)
게임(을) 하다	To play a game
경복궁	Gyeongbokgung Palace
그곳	That place
그래서	So
그림을 그리다	To draw a picture
낚시(를) 하다	To go fishing
남자	Man
노래를 부르다	To sing
등산(을) 하다	To go hiking
무엇	What
배드민턴을 치다	To play badminton
백화점	Department store
사진을 찍다	To take a picture
산	Mountain
산책(을) 하다	To go for a walk
서울	Seoul
술	Alcohol
아르바이트(를) 하다	To work part-time
여자	Woman
여행(을) 하다	To travel
우리	We
음식을 만들다	To cook food
자전거를 타다	To ride a bike
종로	Jongno
주말 활동	Weekend activities
주스	Juice
집안일	Housework
텔레비전을 보다	To watch TV
피아노를 치다	To play piano
하지만	However

2과

어휘

어휘(KOR)	어휘(ENG)
가족	Family
경주	Gyeongju
고향에 가다	To visit one's hometown
김치	Kimchi
놀이 기구를 타다	To go on a ride
놀이공원	Amusement park
데이트(를) 하다	To go on a date
동생	Younger brother/sister
바다	Sea
박물관	Museum
방학	Vacation
부산	Busan
비빔밥	Bibimbap
산	Mountain
수영(을) 하다	To swim
연휴	Long weekend
왜	Why
이번 휴가	This vacation
이사(를) 하다	To move (to a new house or place)
제주도	Jejudo Island
캠핑(을) 하다	To go camping
한강	Hangang River
한식집	Korean restaurant
혼자	Alone
휴가	Vacation
휴가 계획	Vacation plan

3과

어휘

어휘(KOR)	어휘(ENG)
(시간이) 걸리다	To take (time)
갈아타다	To transfer
강남역	Gangnam Station

걸어서 가다	To go on foot
고속버스	Express Bus
교통수단	Transportation
그다음에	And then
기차	Train
내리다	To get off
늦다	To be late
도착하다	To arrive
먼저	First
배	Ship
버스	Bus
비행기	Plane
시청역	City Hall Station
신촌역	Sinchon Station
자동차	Car
자주	Often
정도	About, Approximately
지하철	Subway
출발하다	To depart
타다	To get on
택시	Taxi
1호선	Line 1

표현

어휘(KOR)	어휘(ENG)
그래요?	Really?

4과

어휘

어휘(KOR)	어휘(ENG)
가깝다	To be close
가볍다	To be light
같다	To be the same
구두	Dress shoes
길다	To be long
깨끗하다	To be clean
나쁘다	To be bad
날씨	Weather
낮다	To be low
너무	Too
높다	To be high

느리다	To be slow
다르다	To be different
더럽다	To be dirty
덥다	To be hot
두껍다	To be thick
뜨겁다	To be hot
많다	To be many/much
맛없다	To be not delicious
맛있다	To be delicious
멀다	To be far
무겁다	To be heavy
바쁘다	To be busy
배고프다	To be hungry
배부르다	To be full
불편하다	To be uncomfortable
비싸다	To be expensive
빠르다	To be fast
새	New
세일(을) 하다	To be on sale
수업	Class
쉽다	To be easy
시장	Market
싸다	To be cheap
아주	Very
아프다	To be sick
얇다	To be thin
어떤	What (kind of)
어렵다	To be difficult
예쁘다	To be pretty
운동화	Sneakers
작다	To be small
재미없다	To be boring
재미있다	To be fun
적다	To be few/little
정말	Really
좀	A little
좋다	To be good
짧다	To be short
차갑다	To be cold
찾다	To find, look for
춥다	To be cold
크다	To be big
편하다	To be comfortable
형용사	Adjective

표현

어휘(KOR)	어휘(ENG)
깎아 주세요.	Please give me a discount.
어서 오세요.	Welcome.

5과

어휘

어휘(KOR)	어휘(ENG)
가족	Family
게으르다	To be lazy
귀	Ear
귀엽다	To be cute
날씬하다	To be slim
누나	Sister
눈	Eye
다리	Leg
대학교	University
동생	Younger brother/sister
말이 많다	To be talkative
머리	Head, Hair
멋있다	To be handsome
모두	Altogether
몸	Body
반	Class
발	Foot
부모님	Parents
부지런하다	To be diligent
사과	Apple
성격	Personality
손	Hand
수박	Watermelon
신체	Body
아버지	Father
아빠	Dad
어머니	Mother
언니	Older sister
얼굴	Face
엄마	Mom
예쁘다	To be pretty
오빠	Older brother
외모	Appearance

6과

어휘

어휘(KOR)	어휘(ENG)
(음식이) 나오다	To be served
1인분	One serving
간식	Snack
고기	Meat
곳	Place
과일	Fruit
과자	Snack
괜찮다	To be fine
국	Soup
기다리다	To wait
김밥	Gimbap
김치	Kimchi
김치찌개	Kimchi Stew
냉면	Naengmyeon, Cold buckwheat noodles
달다	To be sweet
된장찌개	Soybean Paste Stew
드라마	Drama
딸기	Strawberry
떡	Rice Cake
떡국	Tteokguk, Sliced rice cake soup
라면	Ramen, Instant noodles
레몬	Lemon
맛	Taste
맵다	To be spicy
면	Noodles

문법	Grammar	(도서관에서) 떠들다	To make noise (in the library)
미역국	Miyeokguk, Seaweed soup	(휴대폰을) 사용하다	To use (a cell phone)
반찬	Side dish	공공장소 예절	Public Etiquette
밥	Rice	규칙	Rule
배우	Actor, Actress	나가다	To go out
불고기	Bulgogi	담배를 피우다	To smoke
비빔밥	Bibimbap	레스토랑	Restaurant
빵	Bread	미술관	Art museum, Art gallery
사과	Apple	박물관	Museum
사이다	Sprite	방금	Just (now)
사탕	Candy	벽	Wall
삼겹살	Samgyeopsal, Pork belly	복도	Corridor
생선구이	Grilled fish	빨리	Quickly
생활	Life	살을 빼다	To lose weight
손님	Customer	시작하다	To start
수박	Watermelon	쓰레기를 줍다	To pick up trash
수업 후	After class	아이들	Kids
술	Alcohol, Liquor	아직	Yet
시다	To be sour	아침 식사하다	To have breakfast
시원하다	To be cool	약을 먹다	To take medicine
싱겁다	To be bland	우체국	Post office
쓰다	To be bitter	전화를 받다	To pick up the phone
열심히	Hard	조용히	Quietly
유명하다	To be famous, popular	준비하다	To get ready
음료수	Beverage	창문	Window
음식	Food	큰 소리로 통화하다	To talk loudly on the phone
조금	A little	페이지	Page
조금 후	After a while	헬스클럽	Gym
종업원	Employee	혼나다	To be scolded
주문하다	To order	PC방	Internet Café
주스	Juice		
짜다	To be salty		
찌개	Stew		

어휘(KOR)	어휘(ENG)
미안해요.	I am sorry.
알겠습니다.	Okay.
여보세요?	Hello?
죄송합니다.	I'm sorry.

케이크	Cake
콜라	Coke
피곤하다	To be tired

7과

어휘

어휘(KOR)	어휘(ENG)
(교실에서) 뛰다	To run (in the classroom)
(그림을) 만지다	To touch (a picture)

8과

어휘

어휘(KOR)	어휘(ENG)
공포	Horror
구경하다	To look around
그래도	But (still)
그래서	So, therefore
그러니까	Therefore
그러면	Then
그런데	However
그리고	And
끝나다	To finish
다니다	To attend
등록하다	To register
매주	Every week
무섭다	To be scary
바꾸다	To change
배드민턴장	Badminton court
보내다	To send
선물	Gift
심심하다	To be bored
알다	To know
여행	Travel
예매하다	To reserve (a ticket)
예약하다	To make a reservation
요리법	Recipe
접속사	Conjunction
정보	Information
제목	Title
준비하다	To get ready
짐을 싸다	To pack
찾아보다	To look up
축제	Festival
출구	Exit
취소하다	To cancel
코미디	Comedy
특히	Especially
하지만	However
한복	Hanbok, Traditional Korean clothes
확인하다	To check

9과

어휘

어휘(KOR)	어휘(ENG)
건강하다	To be healthy
꽃	Flower
나이 → 연세	Age
나중에	Later
높임말	Honorific
뉴스	News
대학생	University student
되다	To become
말하다 → 말씀하시다	To speak
먹다 → 잡수시다	To eat
먹다, 마시다 → 드시다	To drink
밥 → 진지	Meal
사람, N 명 → 분	Counting unit for a person
생일 → 생신	Birthday
아프다 → 편찮으시다	To be sick
없다 → 안 계시다	To be not (in a place)
이름 → 성함	Name
있다 → 계시다	To be (in a place)
자다 → 주무시다	To sleep
죽다 → 돌아가시다	To die
집 → 댁	Home
회	Raw fish

10과

어휘

어휘(KOR)	어휘(ENG)
가져오다	To bring
감사하다	To appreciate
검색하다	To search
곧	Soon
굽다	To grill
꺼내다	To take out
나중에	Later
다	All
도서관	Library
돌려주다	To return
등록하다	To register

먼저	First
목	Throat
밀가루	Flour
반납하다	To return
방금	A moment ago
방법	Way
벌써	Already (so soon)
빌려주다	To lend
빌리다	To borrow
사무실	Office
소설	Novel
시간 부사	Time adverbs
신분증	ID card
신청서	Application form
아까	A while ago
아직	(Not) Yet, Still
이따가	In a little while
이미	Already (previously)
이용하다	To use
이제	(From) Now
인터넷	Internet
잠깐	For a while
잡지	Magazine
제목	Title
찾다	To find
크리스마스	Christmas
팔다	To sell
푹 쉬다	To take a good rest
필요하다	To be needed
회원증	Membership card

1과

〈가〉

어제	지금
지난주 토요일	내일
오늘 아침	이번 주말

〈나〉

산책	그림
노래	음식
배드민턴	사진

5과

10,000원

27,000원

34,000원

65,000원

2

미나
166cm

루이스
170cm

제임스
178cm

피에르
181cm

3

언니
50kg

동생
53kg

엄마
61kg

할머니
64kg

레몬

김치

불고기

냉면

라면

술

케이크

된장찌개

7과

출발	**1** 형용사를 5개 말하세요.	**2** 이름을 공책에 쓰세요.	**3** 뒤로 2칸 가세요.	**4** 생일 축하 노래를 부르세요.
				5 꽃을 공책에 그리세요.
10 뒤로 1칸 가세요.	**9** 친구의 이름을 물어보세요.	**8** 볼펜을 한 개 주세요.	**7** 동사를 5개 말하세요.	**6** 출발로 가세요.
11 한국 음식을 3개 말하세요.				
12 게임을 한 번 쉬세요.	**13** 선생님의 얼굴을 보세요.	**14** 친구의 고향 말을 하나 배우세요.	**15** 친구와 같이 사진을 찍으세요.	**16** 명사를 5개 말하세요.
				17 어제 뭐 했어요? 2개 말하세요.
도착	**21** 이번 주말에 뭐 할 거예요?	**20** 친구가 교실에서 떠들어요. 어떻게 말해요?	**19** 뒤로 1칸 가세요.	**18** 뒤로 1칸 가세요.

8과

월요일	화요일	수요일

목요일	금요일	토요일

치킨을 먹다 O 비빔밥을 먹다 X	영화를 보다 O 음악을 듣다 X	산책을 하다 O 배드민턴을 치다 X

게임을 하다 O 자전거를 타다 X	커피를 마시다 O 술을 마시다 X	콘서트에 가다 O 미술관에 가다 X

오후 2시	오전 10시	저녁 7시

저녁 8시	오전 11시	오후 4시

GREEN
KOREAN
LANGUAGE SCHOOL